¿DE QUÉ SE TRATA?

el origen de tus problemas

"El saber, es la parte principal de la felicidad"

Sócrates

ÍNDICE

INTRODUCCIÓN

El hombre se ha considerado el único ser pensante, que posee la capacidad de razonar, además de contar con la habilidad de resolver problemas. Mediante su destreza y seguido de sus convicciones, se mantiene entregado a la constante y diaria tarea de tomar las decisiones que cree pertinentes a sus pretensiones y aspiraciones. La acción de pensar, eleva a los seres humanos a colocarse en lo más alto de la pirámide evolutiva al ser poseedores de la facultad o arte de pensar. Sin embargo resulta curioso y lamentable que el hombre sea capaz de razonar por sí mismo a diferencia de los demás seres subordinados a su pensamiento, y sea él quien padezca el sufrimiento de su propio razonar. Bajo esta perspectiva, hay algo equivocado en su desarrollo mental.

Los seres humanos son diferentes del resto de los animales al contar con la competencia de ejercer su libertad, de padecer angustia y miedo, o no padecerlo. Recordemos que según la teoría del aprendizaje asociativo que menciona la psicología animal, los animales aprenden y se conducen por asociaciones, a diferencia de los hombres, pues no poseen la capacidad de elección que otorga el libre albedrío para conducir sus vidas. Como seres humanos se nos concede la plena libertad de tomar acción decidiendo si sufrimos o somos felices.

¿A qué se debe que optemos por sufrir? Este libro trata de dar una explicación, manifestando que el sufrimiento es anti-natural, pues no pertenece a los parámetros y gobiernos de las Leyes de la Naturaleza. El ahogo que causa el sufrir y la carencia, es la representación de que el pensar de los hombres está equivocado, manifestando una involución y sosteniendo todo tipo de pesares. Quizás a esto se refería Sócrates al expresar lo siguiente:

– *¿No te parece que es una vergüenza para el hombre, que le suceda lo que a los más irracionales de los animales?*

A lo largo de esta lectura encontrarás argumentos, que ayudan al despertar de conciencia mediante el adecuado uso y manejo del dominio del pensar.

Comencemos por el término evolución, muy citado en los últimos tiempos, plasmado en los titulares de periódicos, espectaculares y revistas especializadas en diferentes materias al hablar con cierto alarde de la ciencia y tecnología. El progreso tecnológico del nuevo mundo, avanza ante nuestros ojos a pasos agigantados hacia la proyección de nuevos inventos y creaciones que simplifican cada vez más nuestro modo de vida. La creatividad del hombre podríamos decir que estaba en pañales y fue fundamental para llegar a los avances de hoy.

Inmersos en esta era de la evolución, no sólo es la ciencia y tecnología en donde es preciso desarrollarnos. Hemos dejado atrás lo que verdaderamente resulta trascendental para una real evolución. Los seres humanos usamos sólo una parte de nuestra capacidad del cerebro, privándonos del total de nuestras facultades, nos negamos ante el conocimiento de nosotros mismos y al no conocer nuestras capacidades utilizamos la energía de la mente fabricando pensamientos que nos llevan directo a nuestra propia autodestrucción.

Es necesario emprender el camino del autoconocimiento solamente ahí es donde reposa el auténtico progreso de los hombres y por consiguiente de la humanidad.

El avance hacia el perfeccionamiento mental de cada uno, será un fruto de la entrega a un despertar de la conciencia, permitiéndonos proceder con una buena actitud, trabajando con apertura, con el objeto de ser regidos por la voz de la razón e Inteligencia Divina. Para lograrlo, debemos capacitarnos en la observación, abastecimiento y dirección de nuestros pensamientos con la finalidad de obtener un beneficio y no la autodestrucción a través de pensamientos perturbadores de miedo como lo hemos venido manifestando.

Los hombres somos herederos de la vida misma, al ser poseedores de la herramienta más fuerte y eficaz: la poderosa mente, necesaria para dirigirnos durante nuestra estancia en la tierra, hemos dependido de la sustanciosa energía creadora de nuestros pensamientos para satisfacer necesidades y deseos en el mundo material de las formas. Y es a través de ella que logramos la conexión con la Inteligencia Divina dadora de vida, en donde nacen todas las posibilidades y todo lo que se conoce en el mundo terrenal. Vivimos vinculados a esta energía, en constante movimiento. Esta es la encargada de gobernar, reunir y unir todo lo que existe. Es una fuerza que fluye firmemente a través de un sistema inteligente que llamamos vida.

El lenguaje mental cuenta con su propia energía o sustancia, combinándose para crear una fórmula mental exacta que se convertirte en materia, suceso o acción.

Pertenecemos a un mundo mental en donde las formas son el resultado y la representación de nuestros pensamientos. Sin embargo estamos cegados por la ignorancia al desconocer y negarnos a darle el debido uso a nuestras facultades mentales, situación que nos orilla a permitir ser regidos por leyes y reglas equivocadas de pensamientos distorsionados, atrayendo para nosotros mismos, efectos como el sufrimiento, la carencia y la enfermedad.

No hemos logrado comprender como es posible desarrollar esta fuerza a favor de nosotros mismos. Por el contrario, sufrimos con aquellos sentimientos que nos llevan a percibir la oscuridad sin tener razón de ser, pues las Leyes de la Creación están sustentadas en la luz. La penumbra es solamente un efecto de nuestra mentalidad errada. Estamos rodeados y arropados, por un bien ilimitado del que podemos gozar y disfrutar en cada momento.

Somos analfabetas en el arte de pensar debido a la forma como ha sido implantada la educación en general en todos los tiempos. No reconocemos nuestra ignorancia del área mental, y al ser individuos pensantes, deberíamos de darle la debida importancia al conocimiento de los mecanismos con el que operamos mentalmente.

La implementación y diseño de un inteligente sistema educativo, en donde no solamente se trate de capacitarnos en el conocimiento del poder de la mente, "sino en desarrollarla; es indispensable para abatir el sufrimiento" que nos atormenta y roba la paz y tranquilidad que naturalmente poseemos. Sin embargo no le hemos dado la importancia al trascendental beneficio del correcto pensar. Decidimos en cambio, recibir la formación educativa del entorno, con base en los elementos pertenecientes a un sistema social con sus propias reglas, en mayoría equívocas. En estas creencias humanas donde habitan los pensamientos de angustia, desconsuelo y abatimiento que corresponden a la negatividad que destaca en la forma de pensar del hombre y nos llevan a sucesos desafortunados que nosotros mismos hemos creado, convirtiéndonos en un gran rebaño de seguidores.

Los individuos tienen que despertar ante la conciencia, ante el entendimiento y la comprensión: si no gobernamos nuestro pensar, disparado por doquier, sin conocernos y escucharnos, negándole a nuestros pensamientos la mínima atención, sufriremos enfermedades, problemas financieros, accidentes; llevando en consecuencia un nivel de vida deplorable. Pues al no guiar nuestra capacidad mental, las ideas erróneas y de angustia toman el control haciendo de las suyas, proyectándose al exterior. De modo que si piensas mal acerca del dinero, de los hombres, las mujeres, del trabajo, o cualquier situación, eso mismo obtendrás: será el efecto correspondiente a una causa mal intencionada de tu pensar.

En este libro encontrarás una guía para dar rumbo a tu vida en el mundo de las formas. Tendrás que hacer un ajuste en los viejos archivos que has registrado en los mapas mentales que habitan en tu mente subconsciente.

Una mente no guiada, distraída en el dominio del pensar, no está educada, y es inmersa de experimentar sucesos negativos. Muchas veces no alcanzamos a comprender por qué reaccionamos de forma equivocada, pues en realidad se debe a las creencias limitantes activadas y sembradas en nuestro almacén mental, repitiendo consecutivamente los mismos patrones de conducta.

Cada hombre es el creador de su destino, depende de los archivos que ha adoptado y de la elección de sus pensamientos. El hombre será esclavo de su pensar hasta que comience a usar y dirigir apropiadamente la capacidad de su mente.

La naturaleza de las neuronas es la de repetir patrones de conducta aprendidos y en consecuencia adoptados. No sabemos cómo erradicar lo negativo para tomar el timón y navegar hacia los pensamientos de armonía y bienestar, para otorgarnos a nosotros mismos una existencia de calidad y abastecernos de efectos agradables en las finanzas, en la salud y en la forma como nos relacionamos con los demás. Desconocemos por completo que estamos gobernados por Leyes Universales y precisamente a esto, debemos el origen de todo sufrimiento. Accedemos a su mandato por medio de los pensamientos y luego olvidamos la consigna que nos hemos impuesto actuando únicamente apegados al dominio de las creencias de la ley humana: comprando opiniones de los demás, aunque sean equivocadas, sin detenernos a discriminar si son buenas o malas, ahuyentando como resultado la razón, comprando ideas sin cuestionarnos si son correctas o no. Y es justamente en esas creencias limitantes donde yacen los conceptos equivocados la carencia que acontece en la humanidad, exhibiendo en nuestro entorno las baratijas que hemos adquirido y sembrado en el espacio de nuestras mentalidades erradas.

Tal vez te preguntes ¿En qué lugar estarías situado? si desde pequeño te hubiesen inculcado la conciencia y disciplina del poder pensar correctamente? Con seguridad el camino transitado hubiera sido muy distinto, pues al cambiar un pensamiento erróneo cargado de malestar por otro con sustento en el bienestar, el resultado un efecto diferente y positivo.

Nunca es tarde para cambiar la colección de pensamientos a los que das origen día con día. A lo largo de esta lectura comprenderás la crucial importancia de qué se trata el debido uso mental, conduciéndote a la elección de aquel pensar que trae consigo acciones agradables y placenteras.

El conocimiento del pensar correctamente, y el hábito del razonamiento beneficioso y sano no es cuestión de moda ni de tendencia, es un compromiso moral y honesto contigo mismo, con los demás y con el Universo. Debemos conectarnos de manera consciente con la Inteligencia Divina, agradeciéndole por dotarnos del perfecto instrumento de la razón para desarrollarnos; ahí es donde comienza el verdadero sentido de existir, y comprender tu verdadera inteligencia.

No hemos recibido educación alguna en este arte, por lo que corresponde a cada uno ser un neófito en este dominio mediante un entrenamiento, usando el poder de la mente y modificando la forma como razonamos para aprender a pensar con argumentos en base al bienestar. Poniendo atención a lo bueno y verdadero, por encima de las influencias del entorno, procurando ante todo mantener nuestro enfoque en pensamientos correctos y que, hagan sentir bien, alineándonos con la Inteligencia Divina.

Pensar es causar y proyectar esos pensamientos latentes en la realidad. Es sólo cuestión de tiempo.

Grandes compañías han reconocido el majestuoso poder mental, haciendo uso de el. Persuadiendo mediante la seducción a los consumidores, manipulando cotidianamente la mentalidad humana del consumidor, como la tierra fértil en donde sembrar sus marcas. Recurren a viejos trucos publicitarios generando emociones en el consumidor, buscando llamar su atención. Conocen, que la constante repetición de conceptos activan un pensamiento que permanece en la mente, registrando ideas que tarde o temprano terminarán por reconocerse, instalándose en el almacén mental del subconsciente, influyendo así en nuestra toma de decisiones: eliges tomar un refresco por el hábito cotidiano de reconocer la marca fonética y visualmente. Lo mismo sucede con los pensamientos y conceptos que registraste: como el miedo, la baja autoestima, la victimización y la pobreza. Los experimentamos intensamente, proyectándolos en nuestra toma de decisiones cotidianas: forman parte de ti, están posicionados en tu estructura mental.

El verdadero abastecimiento comienza en tu mente: sin los pensamientos no hay vida material, son ellos y exclusivamente ellos los que pueden crear la fórmula mental exacta que te encaminará a un resultado positivo.

Existe un vínculo irrompible entre nuestro mundo interior y el exterior. Aún no comprendo la magia detrás de la fecundación o la muerte, sin embargo me queda claro, que estamos sujetos al gobierno de un mundo mental. Más allá de lo que pueden controlar mis manos y mis pies: hasta para controlar mi cuerpo, primero tengo que pensar.

Si la forma en la que ves la vida no te hace feliz, seguramente hay una desarmonía en tu mente. Se trata de reprogramar tu subconsciente: nuestros pensamientos y emociones determinan a dónde vamos.

PRIMERA PARTE

1. PENSAR, SENTIR, REFLEJAR

LOS PENSAMIENTOS

Los pensamientos son conceptos e ideas desarrollados por la mente. Su naturaleza no está sujeta a horarios, no depende de tu edad, sexo o estatus social. Son parte de la condición humana, bajo cualquier esquema de tiempo y aunque estés desempeñando cualquier tipo de actividad, podrás darte cuenta de que llevas un diálogo interno contigo mismo. El pensar se mantiene siempre activo, trabajando. Es una inteligencia persistente y como consecuencia de esa constancia, los pensamientos te acompañan a ti y a cada individuo en su proceder, independientemente de que sean pensamientos buenos o malos, agradables o desagradables. Reconocerlos es una parte fundamental del dominio de tu destino: ellos te pondrán en vías de lograr un camino de éxito o fracaso, dependiendo de cómo les manejes y les des vida.

El astrónomo y físico londinense Robert Hooke (1635-1703) estimó, que el cerebro produce alrededor de 3,155,760,000 pensamientos durante el día. Actualmente, gracias a la veracidad con la que opera la neurociencia, apegándose en avances tecnológicos, se pudo verificar que la mente es capaz de generar entre 50,000 a 60,000 pensamientos diarios. De los que se calcula un noventa por ciento corresponde a ideas y pensamientos negativos o equivocados al tener su origen en el miedo y reproducirse en una cadena de pensamientos de semejantes condiciones.

Quizá te sobresaltes al leer esto y te preguntes: ¿Qué hemos estado pensando en las últimas horas, por la mañana, o ayer? Seguramente las cuentas no resultarán exactas al tratar de recordar los cerca de 100.000 pensamientos que emitimos en los últimos dos días. Para algunas personas resulta ser muy difícil recordar por la tarde lo que pensaron por la media mañana, mucho menos recordar claramente su pensar de un día para otro.

Vivimos distraídos, entregados a la costumbre de pensar en tiempo pasado o futuro: reproduciendo una película mental que asalta y roba el tiempo que correspondería que le dedicáramos a los pensamientos presentes.

Elegimos malgastar la energía de nuestros pensamientos y le damos vueltas a las mismas ideas inconclusas que contienen una carga emocional negativa, nos preocupan los problemas y permanecemos angustiados por algo.

Por costumbre y tradición sin aplicar un mayor esfuerzo, hemos programado a nuestro cerebro, sin ser concientes de ello, haciéndonos expertos en la no observación de nuestro raciocinio. No practicamos la disciplina de observarnos, no sabemos concientemente lo que pensamos y nuestro cuerpo manifiesta la ejecución de acciones mientras la mente reproduce el mal hábito del pensar divagando en el tiempo, ausentes mentalmente de lo que hacemos ocupándonos e inquietándonos de situaciones que nos desconectan del presente.

Cientos de veces realizamos nuestras labores cotidianas como: conducir un automóvil, comer nuestros alimentos y leer textos sin tomar contacto con lo que hacemos, extraviados en una serie de pensamientos y alejados de la concentración de las actividades diarias.

Negamos darnos cuenta por qué vías transitamos hasta tomar conciencia que hemos llegado a nuestro destino. Olvidamos disfrutar la comida que tenemos enfrente ingiriendo en ocasiones más de lo necesario, y leemos cosas que no entendemos, apenas comenzamos a tomar lectura y el diálogo interno nos aparta de la realidad mientras hace de las suyas desconectándonos de lo que hacemos. Es decir, nuestra mente niega vivir el tiempo presente, y se mantiene ocupada para poder percibirlo. Actuamos automatizados y aislados de nosotros mismos, pareciendo vivir la vida de alguien más sin saber ni escuchar el diálogo que nos pasa por la mente y por consecuencia en la conducta. Esta situación que no sólo nos orilla a no comprendernos, sino que nos impide ver con total conciencia nuestro momento actual: el ahora.

-*"¿Dónde debo buscar la iluminación?"*

-*"Aquí"*

-*"¿Y cuándo tendrá lugar?"*

-*"Está teniendo lugar ahora mismo"*

-*"Entonces, ¿por qué no la siento?"*

-*"Porque no miras"*

-*"¿Y en qué debo fijarme?"*

-*"En nada. Simplemente mira"*

-*"Mirar… ¿qué?"*

-*"Cualquier cosa en la que se posen tus ojos"*

-*"¿Y debo mirar de alguna manera especial?"*

-*"No. Bastará con que mires normalmente"*

-*"Pero, ¿es que no miro siempre normalmente?"*

-*"No"*

-*"¿Por qué demonios…?*

-*"Porque para mirar tienes que estar aquí, y casi siempre no lo estás"*

Anthony de Mello

Al operar nuestros diálogos internos de manera desordenada nos obligamos a percibir las experiencias bajo un trance, como si viviéramos a medias o permaneciéramos "medios vivos", sobreviviendo dormidos e inmersos en los hábitos mentales erróneos de la mortal rutina, insatisfechos por no gozar la vida, llevando a cuestas las decisiones cotidianas, expresando siempre las mismas cosas o situaciones, obtenemos más de lo mismo, por manejarnos bajo el piloto automático del pensar y actuar, nos desequilibramos y nos descontrolamos apagando la luz que ilumina y nos permitiría ver la puerta a la felicidad y el bien-estar en general.

¿En qué tiempo habitan tus pensamientos en el pasado o en el futuro?

TODO NACE DE UN PENSAMIENTO

Los pensamientos son los creadores de nuestras experiencias, son el lenguaje con el que nos comunicamos con nosotros mismos en el mundo mental, proyectándose después en manifestaciones concretas en el mundo terrenal.

Todo lo que conocemos y experimentamos, nace a partir de un pensamiento, de modo que para la manifestación de algo en nuestras vidas, ya sea materia o suceso, tuvo que transitar del mundo mental hacia el mundo terrenal, viajando a través de un pensamiento, atrayendo hacia nosotros los resultados de nuestro pensar.

Somos nosotros mismos, los que acarreamos el total de acontecimientos que hemos creído merecer, los pensamientos son vida, nos llenan de experiencias; la disyuntiva se encuentra, en saber cómo y qué pensar para llamar concientemente a nuestras vidas todo aquello que deseamos vivir y no lo contrario.

Los pensamientos nos proveen con ingredientes de alta o baja calidad según correspondan a su naturaleza. Las recetas abundantes en nutrientes mentales pertenecen a los buenos pensamientos, la debida elección del pensar, los sabores y texturas se relacionan directamente con las emociones ligadas a esos pensamientos.

Todos poseemos una plena libertad en nuestra individual forma de pensar, viviendo la vida al gusto de cada uno, no todos deseamos las mismas cosas, cada uno cuenta con su propio proyecto de vida. Hacer la elección del tipo de pensamientos que desees adoptar en el desarrollo de tu mente, te permitirá llevar las riendas de tu propia vida a través de tu forma de razonar.

En la existencia humana, encontraremos miles de conceptos e ideologías que nos ofrecen, vendiéndonos abundantes percepciones de la realidad. Sin embargo, dentro de la diversidad de proyectos de vida, existe un factor común entre todos: la búsqueda del amor.

Contamos con el amplio y total acceso a una extensa gama de pensamientos e ideas, dando origen a diversas mentalidades y experiencias humanas, por lo que se dice que cada cabeza es un mundo.

Nadie puede obligarte a pensar. Un sujeto no puede pensar por otro. El pensamiento se procesa y vive individualmente; el entorno te invita y sugiere formas de percepción del todo, sin embargo, solamente te corresponde a ti, activar el qué pensar y cómo hacerlo, colocándote como el único responsable de las decisiones con las que has conducido los días de tu existencia.

Recordemos además, que la vida siendo personal, no puede experimentarse por un tercero, ni se puede ver a través de los ojos de los hijos, del cónyuge, de los padres o de los amantes. Ellos tampoco pueden percibir el mundo por medio de los tuyos. Es por esto que necesitamos respetar la forma como cada quien percibe la realidad, dejando a un lado el papel de estrictos jueces olvidando renunciar a que los demás individuos vean las cosas como lo haces tú.

Presionar a las personas a ver la vida desde tu punto de vista, los orilla a conformarse a ver la vida a tu estilo, programándoles a que resuelvan sus experiencias, elijan sus gustos, conductas y modales a la sombra y semejanza de tus maneras. Esto no sólo genera frustración, pues quien se doblega a la percepción de otro pierde su identidad al no ser soberano de su razonamiento, además los lleva a vivir limitaciones y carencias de todo tipo, como consecuencia de ello, siendo temerosos e inseguros, las decisiones con las que se han conducido tienen su origen en la búsqueda del amor y aceptación de sus padres, cónyuges, o por cualquier otro, siendo esclavos de la crítica, del rechazo y de la desaprobación. El verdadero amor reside en respetar las decisiones de los demás, y en enfocarte en resolver tu propio existir.

Por la naturaleza en el proceder de la humanidad, los hombres pretenden experimentar lo mejor para si mismos, deseando abastecerse de vivencias en donde no haya ningún tipo de privación e insuficiencia. No he sabido de algún ser humano que manifieste el deseo de ser infeliz, pidiéndole a la vida, que lo haga pobre, enfermo y desdichado, al menos no conscientemente, por natural aspiración y convicción esperamos ganar la guerra al sufrimiento combatiendo la limitación, luchando por abrir las puertas de la satisfacción que nos lleven directamente al sendero de la realización, la prosperidad y la felicidad. Sin embargo la realidad es que la gran mayoría no hemos logrado satisfacer los deseos y ambiciones que viven dentro. Las experiencias con las que nos abastecemos son en su mayoría de adversidad, ahuyentando y aplazando la dicha y fortuna.

Creemos que buscando ansiosamente en el exterior, encontraremos el método más eficaz que nos coloque en el camino de la autorrealización. Tarea que nos ha llevado a indagar hasta en el más recóndito lugar, sin encontrar un gran hallazgo que contrarreste nuestro sentido de insatisfacción ante la vida.

Algunos miembros de la sociedad no viven contentos con sus respectivas existencias, se piensa hay que ir de prisa para alcanzar la felicidad, argumentando que seremos felices cuando poseamos aquello que carecemos. Si observamos y escuchamos con atención, podremos percibir en el ambiente el sonido de miles de plegarias como: cuando me case seré plenamente feliz, cuando tenga una familia seré colmado de bendiciones, cuando me saque la lotería seré afortunado, cuando adelgace por fin me aceptaré y me amaré, cuando me concedan el ascenso y reconocimiento en el trabajo seré asediado, cuando crezcan mis hijos los disfrutaré más.

Pensando en una futura felicidad, postergamos en la línea del tiempo la conciencia del momento presente, siendo extranjeros de la vida misma, distanciando la plenitud que nos arropa, distorsionando la felicidad en la posesión de cosas materiales; sin tomar en cuenta que es el camino de la actitud con la que nos conducimos y nos hace seres felices no el resultado de la posesión de lo que esperamos gozar. Esto significa malgastar nuestra propia vida, corriendo detrás de cosas y situaciones sin detenernos un momento para percibir que hemos buscado la felicidad con ansias de encontrarla y negamos darnos cuenta que siempre ha estado ahí acompañándonos en cada momento.

¿Cuánto tardamos en ser felices? Cuantos son los que se han ido del plano terrenal sin culminar el encuentro de la realización, desperdiciando los días de su existir en supuestos. La felicidad no lleva inversión de tiempo pues no depende de el. La dicha, el gozo y júbilo que brinda la autorrealización, no se le corretea esperando poseerla en el futuro ya que ahí no se encuentra. Si esperamos alcanzarla corriendo desmesuradamente tras ella, se escapará de nuestras manos. Esperamos abastecernos de sentimientos de satisfacción, depositando el bienestar en situaciones efímeras, que se desvanecen y nos dejan con una sensación de insatisfacción.

Esto no significa que el lograr las metas y deseos impuestos nos colme de satisfacciones. Pero la vida se trata de disfrutar el momento actual y real que llamamos camino. Es como estar en el trayecto de un viaje que planeamos con un gran deseo, regocijarnos con la trayectoria y los matices de cada momento hasta llegar a la culminación de la experiencia final llamada destino.

El verdadero amor donde reside la felicidad del hombre, se encuentra activo dentro de nosotros mismos, viviendo a conciencia y con atención el instante del ahora, actuando en despertarnos como los guionistas y protagonistas de nuestra propia existencia, escuchando nuestros diálogos con nosotros mismos para conocernos y saber qué tipo de experiencias estamos invitando a acompañarnos, disfrutando del goce y el estado de plenitud que manifiesta el presente, respirando el oxígeno para un disfrute del momento real actual y no del futuro.

Si pensamos colocar la dicha en una situación futura, estaremos condenados a fracasar, la felicidad no se alcanza en el mañana, no se esfuma, no reside fuera, está dentro ahora mismo. La plenitud consiste en hacerte conciente del momento actual, no está en situaciones futuras. El único sitio en donde la encontrarás es en este instante.

El pasado, sólo te regala recuerdos, el presente momentos.

2. NUESTRO VERDADERO PODER

El origen del sufrimiento que ha sacudido a la mente humana, se produce en la ignorancia hacia el reconocimiento del poder de nosotros mismos. No tenemos plena conciencia del poderío que poseemos en sintonía con el gran papel que desempeñan las poderosas Leyes Universales de la Creación.

Así como nos gobierna un sistema estructurado de varias creencias (jurídicas, políticas, religiosas, morales, sociales), vivimos sometidos ante el gobierno de principios mentales activos, que ejercen su régimen a través de una Inteligencia Divina, mediante la fuerza y energía de los pensamientos.

Tenemos en las manos el timón que nos otorga el control de nuestras vidas, dando a cada uno de nosotros la dirección y experiencias deseadas en el continuo navegar en el mundo terrenal. La mente expresa los efectos y resultados concisos que nos sitúan en el lugar, forma y estilo de vida que decidimos tener. Todos nuestros pensamientos, son en sí mismos plegarias que nos atraen situaciones según las condiciones de sus contenidos. Si la semilla de la conciencia germina y despertamos, elegiremos sin dudar, tomar acción siendo concientes de la reproducción de pensamientos correctos y siempre positivos, que nos llevarán a manifestar una mejor calidad de vida, ya sea para sanarnos a nosotros mismos, para poseer una libertad financiera, o para experimentar relaciones armoniosas de pareja y con el entorno.

El único problema, somos nosotros mismos con nuestras mentalidades erradas, para una real evolución debemos despertar ante la era de la información, al reconocernos como seres mentales, desarrollando facultades de pensamiento para favorecernos de las Leyes de la Vida.

No basta con pensar, que una perturbada maldición ha caído sobre nosotros privándonos de toda dicha y bienestar. Durante años hemos creado culpables, sin hacernos responsables de nuestro propio razonar, culpamos de nuestros fracasos al sistema, a nuestros padres o tutores, a los parientes, a los conyugues, al vecino, a nuestros hijos, a los jefes, al destino, al pasado, a las circunstancias y al todo en general. Soltemos y abandonemos esa conducta perniciosa de víctimas atribuyendo al mundo nuestra ambigüedad y frustración. La sociedad está enferma y quejarnos no es la solución, por el contrario, solamente alimenta más la tortura y la confusión y nos mantiene atados a continuar tropezando. Cuando aceptamos las condiciones, soy yo mismo el que me he colocado en la situación en la que estoy, adquiero y acepto mi responsabilidad, y en consecuencia doy el primer paso para alterar y transformar los resultados de desconcierto que estoy manifestando en la realidad.

Si la forma en cómo ves la vida no te hace feliz, seguramente hay una guerra o desarmonía en tu mente

El analfabetismo mental, nubla la verdadera comprensión del objetivo que tienen los pensamientos. Debemos comprender que gracias al dominio del pensar, que obtenemos el desarrollo de la evolución del hombre. Como lo mencionaba Sócrates: *"-Las verdaderas batallas se libran en el interior".* Si, en verdad nos otorgamos el beneficio de la duda, descubriríamos que como todo tesoro, el verdadero poder yace oculto dentro de nosotros mismos, y podremos descubrirlo educando a la mente desordenada, observando y comprobando que todo lo que se piensa se manifiesta, teniendo siempre presente, que la mente es el almacén proveedor de nuestros deseos conscientes o inconscientes y los pensamientos son los productos.

Cuando pensamos mal y nos lamentamos de nosotros, del prójimo, del entorno y las circunstancias, padecemos las consecuencias. En realidad nunca se sabe que tan poderoso puedes ser, hasta que decidas resolver la inconformidad que te acontece. Del mismo modo que un automóvil necesita gasolina o energía para moverse, el pensar es una brújula que mueve hacia donde tú decidas. Si cada uno de nosotros nos concediéramos la oportunidad de sembrar con el pensamiento un bien que nos cobije, experimentaríamos ser personas exitosas, fuertes, sanas y amorosas. Sin embargo la rutina equivocada de pensamientos de la mayoría de nosotros, comienza a despertar la insatisfacción al referirnos al trabajo, a nuestra pareja, la sociedad, el tema de dinero, o para mimetizarnos hablando mal de las demás personas. Si nos detenemos un poco saliéndonos de la rutina para observar nuestra forma de pensar y de expresarnos, notaremos que por costumbre pensamos diariamente en algo negativo, apenas salimos de nuestras casas al comenzar un nuevo día y activamos la práctica inconsciente de lamentación, porque despertamos cansados, nos incomoda el clima o el tráfico vial, vivimos en apatía de trabajar en algo que no satisface, apegados a quejarnos de lo que nos molesta de los demás o del medio ambiente. Hacemos de la queja una amada conducta, padeciendo con los efectos de esas mismas insuficiencias que nos incomodan. Las limitaciones que acontecemos las hemos creado con la actitud con la que nos manejamos en la vida, pensando equivocadamente de manera rutinaria, programándonos nosotros mismos en prácticas tóxicas que generan caos y círculos viciosos.

No existen límites para el poder de la mente, las limitaciones las ponemos nosotros, paralizándonos intelectualmente al pensar limitándonos a padecer penurias y calamidades.

Los budistas reconocen las virtudes del gobierno de la mente al predicarse ellos mismos con las palabras de sabiduría que alguna vez diría Buda o El Iluminado: *"-Lo que piensas, es en lo que te conviertes, la mente lo es todo"*. Razón suficiente para educar nuestra mente de prácticas de pensamientos nutritivos y sanos para reflejar el amor en su máxima expresión.

VIVAMOS EN LA PLENITUD, EN ABUNDANCIA.

Cuando nacemos no somos obligados como ciudadanos a firmar ningún contrato que estipule que somos poseedores a una cantidad limitada de dinero y que moriremos cuando lo hayamos gastado todo. No hay cláusula alguna que manifieste que podremos amar y ser amados por un determinado número de personas quedándonos sin afecto cuando hayamos dado nuestro amor. Al igual sucede con las experiencias que decidimos tener, no existe documento alguno que nos límite de vivir en abundancia y que nos excluya de lo que deseemos poseer.

Para ver más clara la armónica abundancia que nos arropa, bastará con acudir a la contemplación de la naturaleza, los árboles, el agua, las aves y su canto, el viento, la lluvia, todo es ilimitado, parte de la exquisitez de la vida y los hombres no somos excluidos de ello. Las Leyes Universales de Vida, nos hacen ser portadores de la perfección, la imperfección solamente vive en nuestras mentalidades erradas, saturadas por el caos, el miedo, el odio, y nuestras distorsionadas creencias a las que hemos dado vida al pensar irracionalmente, creyendo que lo sabemos todo, lo que creemos de la vida será el resultado de lo que experimentemos.

Muchas personas sufren la esclavitud del miedo, viven atemorizadas por la falta de dinero, rechazando la pobreza y en consecuencia el miedo estanca a padecerla, otros condenan el amor, temiendo ser lastimados aplazando los sentimientos verdaderos, otros cuantos temen perder la salud, y viven aferrados a poseerla, mientras otros buscan descontrolados la aceptación social manifestando baja autoestima fingiendo ser aquello que no son, buscando ser amados por lo que los demás pretenden que sean, menospreciándose a ellos mismos cediendo el poder de sus vidas a la mentalidad de un tercero.

A medida de que se vaya trabajando en el desarrollo de la mente, de los conceptos y creencias que encierran las experiencias al bien-estar, estos se verán reflejados en la calidad del combustible mental acercándonos cada vez más de manera conciente a donde decidamos ir, conduciendo la vida con mayor conciencia, gozo y plenitud.

Es necesario trabajar en la construcción de hábitos de pensar correcta y positivamente con fundamentos en el amor, en el perdón, en la abundancia, y de todo aquello de lo que se es carente y se desee experimentar. Compartiendo, desarrollando y avanzando, logramos incluir en nuestro menú mental recetas con altos estándares de calidad y éxito. Es preciso abrirnos a la oportunidad de un cambio real, enfocando a la mente en el trabajo de erradicar la holgazanería mental, para proveernos de pensamientos adecuados, cancelando la entrada a pensamientos negativos que fungen como ingredientes poco nutritivos, ideas que hemos decidido conservar en nuestro almacén mental. Estos ingredientes de miedo, odio, resentimiento y pobreza, corrompen el alimento del espíritu reflejándose en las experiencias de tu vida.

El temor es una idea perteneciente a la involución humana. Es una herramienta de tortura que amenaza y se vende como pan caliente en todas las escalas y esferas sociales. Aquel que decide comprarlo y en consecuencia lo adopta como parte de su almacén mental, adquiere el gran especialista en paralizar vidas. Sabemos que la mente reflejará lo que entre y salga de ella y en consecuencia si pensamos con temor, lo manifestaremos.

Los seres humanos podemos elegir experimentar el mejor regalo que nos dotó la vida, una mente libre para volar y adquirir más experiencia dentro de la evolución, o una mentalidad temerosa y esclavizada permaneciendo siempre en el mismo lugar.

Si deseas mejorar tu entorno suministra tu mente con pensamientos de calidad y proyecta grandes creaciones

Una persona se relaciona con el entorno base la mentalidad que ha estructurado para a través del paso del tiempo, ha ido elaborando un amplio catálogo de vivencias y pensamientos causados por eventos del pasado, ocupando el espacio del subconsciente; llenándolo así, de todo tipo de hábitos y conceptos, archivándolos en información que activa y da creación a una forma de pensar.

Digamos que si un individuo elaboró y desarrolló una fuerte mentalidad mostrándose, como una persona sana, con vigor, segura, y optimista es el resultado de la existencia de pensamientos que dieron y dan vida a esos conceptos grabados que están activos, y refleja a través de los actos dicha mentalidad, por ende ¿Qué sucede si los conceptos instalados en la mente se fabricaron de pensamientos débiles, enfermos, pobres, hostiles? justamente así corresponderá el individuo al medio ambiente débil, pobre, enfermo, vulnerable e inseguro en el sentir y actuar. Sin embargo y para beneficio de todos, vivimos inmersos y sujetos a experimentar los cambios y los resultados del libre albedrío.

Las situaciones actuales constantemente pueden cambiar, los cambios son parte de la evolución, de la vida misma. Depende de la intención y del ferviente deseo que se muestre en realizar un cambio de pensamiento, modificando la tesitura mental de nuestras ideas equivocadas, por medio del correcto gobierno de nuestros pensamientos. Podrás alterar el camino en el que estás ubicado; cuando tu mundo interior cambie, se manifestará dicha expresión en el mundo exterior. Si piensas bien de todo lo que te rodea y de ti mismo, esa misma escala proyectarás en tu entorno, manifestando el resultado favorable en la forma de vida. Aunque por un momento te pueda invadir un pensamiento de duda y te llegue a costar trabajo creer en la mejoría de las cosas, mantente firme. Recuerda que por la obstinación o terquedad en ver la vida siempre bajo el mismo ángulo, experimentamos lo que pensamos. Para avanzar, crecer y mejorar, bastará con abandonar una idea equivocada sino existe en tu mente, no existirá en tu vida.

El Universo nos arropa; no nos encontramos nunca desprotegidos. Por medio del gobierno de nuestros diálogos internos podremos corregirnos y crear mejores modelos mentales, recordemos que un modelo es un patrón a seguir, de forma que si tenemos una estructura mental repleta de buenas creencias, reflejaremos cosas buenas y patrones de conducta correspondientes a esa nobleza que hemos decidido instalar ahí. Es necesario comenzar a pensar positivo para vernos y sentirnos bien, soltar los apegos dolorosos del pasado y romper con los patrones de resistencia que nos han mantenido enlazados a eventos desagradables. El hecho de que hayamos elegido vivir una relación amorosa cargada de sufrimiento, no implica que el amor sea sufrimiento, lo mismo sucede con las decisiones respecto al trabajo o la economía. No sabemos observar correctamente cuando algo no marcha como esperamos, siempre existen focos rojos que nos indican el camino de las cosas, sin embargo por terquedad o distracción nos aferramos a que los resultados sean diferentes y no percibimos la forma cómo actuamos. Las equivocaciones procedentes de nuestras elecciones son resultados que nos hacen conocernos y nos llevan a penetrar en nuestros pensamientos para razonar, cómo hemos estado pensando y qué es lo que nos llevó a tal experiencia, lo cierto es que sufrimos cuando no comprendemos algo, cuando no lo conocemos y experimentamos la disolución del sufrimiento, cuando alcanzamos la comprensión.

¿Conoces tus pensamientos?

¿Los escuchas?

¿A dónde te llevan?

Para comprender cómo opera la mente sobre el mundo de las cosas o el mundo material, es fundamental reconocer la existencia de una Ley Universal que nos gobierna te guste o no, siendo la principal activadora del escenario de la vida. Este principio mental, propone que los pensamientos son compuestos por energía que viaja y vibra en cierta frecuencia, proyectando así un efecto o resultado.

El Universo es energía en movimiento: vibra. Todo lo que existe, se conozca o no, se encuentra unido o conectado, eres uno con toda la existencia.

La unidad es la base de este Universo. Lo que interviene a un humano nos influye a todos por el hecho de estar acoplados y vinculados. Este globo terráqueo implica que respiremos el mismo aire, que consumamos la misma agua, nos alumbra la misma luna, pisamos, caminamos y vivimos en la misma tierra, unidos y conectados, cobijados por un manto estelar, que semeja la red mental de los pensamientos.

Razonemos acerca de esto: comprendiendo que todo el cosmos está conectado, y nosotros coexistimos en el. Los pensamientos salientes de la mente de cada hombre, son arrojados a la energía del Universo y regresan a su origen; proyectando y reflejando en cuestión de tiempo, en el mismo sentido, objeto y fin para lo que fue creado y lanzado al cosmos de la creación. Es fundamental la comprensión de esta primicia para descubrirnos ante un verdadero despertar de la conciencia. La vida siempre dará, de regreso al origen, lo que se desea para sí y para los demás, esta perfecta inteligencia siempre corresponde a lo que se crea y reproduce en el espacio de la mente.

¿Imaginas la totalidad de esos pensamientos disparados por doquier viajando el Universo esperando a ser arrastrados de vuelta al mundo material?

3. TESTIMONIOS DE VIDA.

En varias ocasiones hemos leído y escuchado situaciones referentes a nuestro despertar de la conciencia y el desarrollo mental. Sin embargo resulta ser más fácil conseguir un verdadero entendimiento cuando vemos la información aplicada en sucesos de nuestra vida cotidiana.

Recuerdo cuando era estudiante novata de las Leyes de la Creación, repasaba mentalmente la teoría: lo que hay en tu interior contaminará todo aquello que te rodea haciendo tu mundo exterior, un reflejo de ti mismo. La cantidad de veces que focalicemos nuestra atención en aquello que deseamos será proporcional al tiempo dedicado. Le di varias vueltas a estas líneas para alcanzar gradualmente la comprensión y así comenzar a dar uso conciente de las Leyes de la Vida para comenzar a transformar mi conducta y en consecuencia las manifestaciones positivas en mi vida.

Así fue hace algunos años que entendí la forma en la que operan las Leyes Universales cuando me encontraba trabajando en mi oficina. En aquél entonces, llevaba algún tiempo ofreciendo servicios publicitarios, y alquilé un espacio al que yo consideraba amplio y cómodo para trabajar y ofrecer atención a mis clientes. Cierto día, me visitó la vecina de junto, una señora de alrededor de los cincuenta años, quien alquilaban con su marido un sitio donde él daba clases de fotografía a un grupo reducido de alumnos.

El motivo de su visita, fue para agradecer mi hospitalidad durante los últimos tres años. Entre otras cosas, descubrí por el sentido con el que articulaba sus palabras, que estaba anunciando un adiós. Me contó que había llegado el momento de cambiar la ubicación de la escuela, por lo que habían rentado un sitio mucho más amplio cerca de ahí. Su negocio iba tan bien, que la prosperidad era notoria pues el alumnado no cabía.

Comenzó a despedirse dulcemente. Sin embargo, antes me confesó que siempre le había gustado el espacio donde yo estaba. Mencionó la época en que se había mudado al edificio, y que cada vez que pasaba por mis oficinas, pedía mucho porque mis operaciones comerciales aumentaran, de forma que me fuera muy bien en mis labores, logrando que mi negocio, prosperara aun más y se expandiera y siguiera creciendo, con la finalidad de que el progreso me obligara a dejar libre el espacio que ocupaba, de esa forma ellos podrían cambiarse a ese lugar.

Mientras salían otras palabras de su boca, típicas de una amable despedida entre vecinos, me quedé perpleja mirándola; razonando acerca de lo maravillosas, justas y exactas que es la Inteligencia de la Vida y las Leyes Universales. Sin dejar de verla sonreí, cuando me llegó el entendimiento. ¡Así es como funciona! Mi vecina, sin ser consciente de ello, había tenido una comprobación o lo que llamamos recompensa al atraer para sí misma los deseos que manifestaba para mí. Al mantener una actitud amorosa ante el deseo de poseer ese local, deseándome bien-estar, había experimentado el reflejo de lo que deseaba. Día con día cocinó mentalmente el deseo de esa idea, la mantuvo ahí con constancia y en la misma proporción que le otorgaba cierto sentido, se proyectó en el mundo material de las formas.

Al tiempo, tuve la oportunidad de visitarla en su nuevo espacio y las instalaciones resultaron ser mucho mejores que la infraestructura de operación en donde se inspiró para la visualización del deseo. Esta situación me llevo a razonar y comprender que ese nuevo lugar manifestaba en sus formas y atmósfera lo amorosa que había sido, deseándome un bien y pensando en mi mejoría y bienestar.

Es necesario comenzar a despertar y trabajar en deshacernos del egoísmo que irrumpe en nosotros, nos nubla y no nos permite ver más allá de nosotros mismos, perdiendo por completo el interés y deseo de compartir amor a los demás. El amor verdadero es una poderosa fuerza que fluye y conecta todo, atrayéndolo o proyectándose en aquello que se ama. En el caso anterior vimos cómo la vecina, pudo haberme deseado decadencia y circunstancias negativas que me obligarían a dejar libre el lugar, sin embargo ella puso en práctica la LEY DEL AMOR, manifestando la causa para su beneficio, pidiendo y argumentando que mis operaciones comerciales tuvieran un gran aumento. Jamás deseó dar por manifiesto ningún mal, sino por el contrario esperó que llegara lo mejor para mí, manifestando ella la bondad de su pensar.

En otro contexto de ideas, también supe de un lamentable caso que nos servirá como ejemplo a esta misma Ley, pero desde una perspectiva equivocada de pensamiento. Esto le pasó a una estudiante después de salir de su clase de metafísica, era casada y al igual que su esposo asistían juntos a las enseñanzas en la materia. Durante el trayecto a casa, la mujer a cargo del volante repasaba mentalmente una situación con su marido no resuelta y digerida que le quitaba la tranquilidad cada vez que la recordaba. Su sentir era muy exaltado, con resentimiento y coraje. La naturaleza errada de pensar le llevó a perder el total gobierno ante tales sentimientos dejando en ella mayor ofuscación y cegando por completo su razón, hasta llegar al punto de desearle la muerte al cónyuge. En el transcurso perdió el control del auto y sufrieron una fuerte volcadura, como resultado el cuerpo del señor salió ileso sin padecer ningún rasguño, sin embargo ella corrió con los efectos correspondientes de su equivocado razonar, los vidrios rotos se le incrustaron en el cuerpo, sufriendo las consecuencias de los pensamientos no controlados de irritación, enojo y odio. El pensar mal le hizo padecer las consecuencias distorsionadas de sus deseos hacia su esposo. Al tiempo de su recuperación, nos comunicó con honestidad lo que realmente pasaba por su mente antes del accidente y nos compartió su caso.

¿Qué deseas para el otro? ¿Qué deseas para ti?

Estas leyes conectoras de inteligencia a las que estamos vinculados, son tan poderosas que una vez que se comprende su gran majestuosidad, es pertinente entregarse a la cuidadosa tarea de elegir y vigilar lo que se desea. Debemos practicar la prudencia ante todo aquello en lo que pensamos, pues tarde o temprano obtendremos una expresión materializada de esos pensamientos. Cabe mencionar que la mente no emite juicio alguno de nuestro pensar, no califica si son buenos o malos pensamientos, si es un chiste o no lo es, si son agradables o no, no está capacitada para juzgarles, no es de su competencia. Su misión es recibir una indicación del foco de atención del pensamiento, y procesar la información para enviar la orden del pensamiento al centro de comando del Universo, y éste corresponde con la proyección del concepto que hemos encargado. He aquí la disyuntiva del porqué los pensamientos pueden ser los peores o mejores amigos del hombre.

La Inteligencia Divina es tan perfecta, que envía un resultado dependiendo de nuestra elección al pensar mal o pensar bien, al bromear con respecto a una idea o no. Debemos actuar escrupulosamente en la atención, enfocando los pensamientos en aquello que se desea, suprimiendo y negando fijar la atención en lo que no se desea.

Hace algunos años, una amiga empresaria me pidió ayuda, necesitaba que le aconsejara sobre una situación que tenía en su trabajo. Un buen cliente con el que ya había hecho varias negociaciones, mostraba un atraso en sus pagos, y no sólo eso, por sus actitudes y acciones parecía que no pretendía pagar, ni mucho menos ponerse poco a poco al corriente en sus obligaciones comerciales como cliente. Ya se le consideraba un deudor y no mostraba interés alguno en pagar. No contestaba llamadas y era imposible localizarlo, además mi amiga no podía tomar acción legal y demandarlo pues no había documentos que avalaran la responsabilidad mercantil.

Le hablé del mundo mental, que es una red de energía en la que todos estamos conectados, después le pedí que imaginara un vínculo con él, conectándose con la Ley del Amor y cambiando su mentalidad, haciendo a un lado su enojo y reclamos, solamente apegándose a pensar bien de él, deseándole prosperidad en sus finanzas y que las relaciones comerciales no se vieran afectadas por ese evento.

Cuando fue consiente y gobernó sus emociones negativas, puso a trabajar por medio de sus pensamientos las Leyes Universales de la Creación. Estableció un diálogo mental, en el que ella pedía que fuera cual fuera el motivo o situación por la que él estaba pasando, hallaran la manera de sentarse a hablar, y así poder negociar una forma de pago. Expresó también, el argumento que su empresa había cumplido con el trato pactado y el hecho de que él no, estaba causando serios problemas.

Al ser amorosa y expresar su sentir bajo un efecto de amor, no tardó en que el cliente se pusiera en contacto con ella, ofreciendo disculpas por su comportamiento y por supuesto haciéndose cargo de su responsabilidad. Mi amiga simplemente, se negó a pensar mal de él, cambiando su enfoque hacia un pensamiento positivo, por lo que manifestó ese mismo amor con el que fue causada la diligencia.

PENSAMIENTO EMOCIÓN

¿De qué se son generadores mis pensamientos? Generan bienes materiales, relaciones románticas y amistosas, salud bienestar, felicidad y prosperidad; también trabajo y todo tipo de oportunidades, en resumen todo aquello que tu mente pueda pensar y crear.

Los pensamientos se encuentran ligados a un sentimiento, formando juntos una plataforma mental y emocional que da paso a una consecuencia. Es decir los pensamientos que fueron creados y llamados a venir al mundo terrenal con un sentir positivo, emanan gracias a situaciones de la misma naturaleza sentimental y viceversa en el caso de sentimientos negativos. Es razón suficiente en el cuidado de la forma en la que se siente. El sentir, es el campo fértil de los pensamientos, es la dirección emocional hacia donde se proyectan. Si nos relacionamos de forma benevolente y mantenemos una correcta y armoniosa actitud, nos conectaremos con las ideas pertenecientes a lo correcto o positivo, no podemos actuar bajo el sentir del cólera y esperar resultados alentadores no pertenecientes a su naturaleza. Si nos sentimos bien arrastraremos la manifestación de situaciones afines a la línea emocional o estado de ánimo del bienestar con el que hemos creado los pensamientos según sea el caso.

Supongamos que un hombre va a su casa, en su automóvil, mentalmente reproduce una y otra vez una situación, escena o acontecimiento no resuelto, que le ha causado padecer un fuerte disgusto en el trabajo. Su mente al no mandar sobre la emoción, se da rienda suelta fomentándole más irritación, como una receta que se sazona con frustración pensando y sintiendo en la angustia que le causa ese problema. Por decirlo de otra manera, trae al presente, la idea desagradable no resuelta, con la finalidad de encontrar una solución, sin embargo el miedo lo gobierna colocándolo en un estado de ansiedad. Los pensamientos y sentimientos, los ingredientes con los que se trabaja, acarrean situaciones negativas en la misma escala o proporción a la que sazonó el enojo, produciendo gastritis (causa mental.- gran sensación de ansiedad e incertidumbre), o colitis (causa mental.- sentimientos de derrota y angustia). O si la fabricación y cocina mental, se sometieron a pensar en un grado mayor de intensidad de ofuscación, robándole la armonía, con un sentido de no saber la forma de manejar la situación, quizá experimente un accidente de tráfico - choque (causa mental.- sentimientos de desarmonía mental, vulnerabilidad sin dirección, sentir que chocas con las ideas de las demás personas), si la intensidad del disgusto es menor tal vez sólo llegue a la pinchadura de una llanta (causa mental.- sentimiento de imposibilidad para avanzar). Lo mental siempre se materializa en los acontecimientos y toda experiencia de acción o suceso.

El pensar negativa o equivocadamente y mantenernos por ignorancia o terquedad así, nos puede poner en riesgo de sufrir experiencias producto de esa misma negatividad. Mientras no se corrijan, y gobernemos la errada emoción por aquellos pensamientos que se encargan de restablecer la armonía; las circunstancias creadas, se encargarán de reproducir una y otra vez los eventos correspondientes que están ocupando nuestra mente, ejemplo muy común, levantarnos con el pie izquierdo, es el sentir y pensar negativo, el que nos mantiene activos esos repetidos incidentes que colocan en un *día negro de mala suerte* por lo tanto, sólo cambiando y restableciendo la armonía en la forma cómo pensamos y sentimos dejaremos de vivir actos negativos o no gratos.

El cuerpo manifiesta, lo que en la mente se fabrica, todo lo que se siente y se mantiene ahí

La base emocional de los pensamientos se resumen en el miedo y amor, todos encaminados a lo positivo y negativo, no existe más, o se piensa bien o se piensa mal, correcto o equivocado, por consecuencia el cuerpo se siente bien o se siente mal. La emoción es la reacción del cuerpo a pensamientos.

Esta asociación de pensamientos y sentimientos que nacen al pensar bien, los refleja nuestro cuerpo con buena salud y vigor. La unión de *pensar-sentir*, se manifiesta en el organismo, **alterando la conducta de nuestras neuronas** mientras se comunican unas a otras, compartiendo la información correspondiente de la fórmula mental compuesta de pensamientos, originando la producción de sustancias bioquímicas, con la finalidad de extenderse y propagarse en la red neuronal y en consecuencia, reaccionar reflejando dicha transmisión de datos en el cuerpo. Esta transformación que experimenta nuestra red neuronal a través de los pensamientos, es lo que mantiene sano o enfermo al organismo, según como se lleve a cabo la acción del pensar y se proceda a la siembra mental de pensamientos asociados con emociones agradables y placenteras, a la misma condición y proporción será el resultado. Conservaremos un cuerpo fuerte, saludable, manifestando en el, la misma naturaleza de la semilla que hemos esparcido en la misma situación, si el pensar - sentir protesta enojado, con una actitud resentida, o simplemente nos encontramos bajo los efectos del letal estrés, creando y recreando una guerra mental de pensamientos de angustia, enojo y desarmonía, el reflejo sin dudarlo será un cuerpo cansado, débil, enfermo.

El organismo siempre manifestará los efectos de nuestros pensamientos. Si tu deseo es **mantener el efecto de embellecerlo**, el enfoque que debemos tomar es en amar y admirar la belleza que nos rodea, decidiendo ver sólo lo bello del entorno y de la gente, manteniendo una actitud alegre, cariñosa, optimista, buscando reflejar los pensamientos con tu actitud amándote a ti mismo. Los hombres o mujeres más asediados por otros, activan el imán de la atracción sensual en la mente, al pensar bien de ellos, al amarse y aceptarse siempre a cada momento, reconociendo lo mejor de sí. Si alguien no se ama "¿Qué le hará pensar que otros puedan amarle?".

La poderosa mente le da vida a todo lo que piensa y siente, el efecto lo experimenta nuestro cuerpo y la emoción es el resultado de lo que se piensa. Los pensamientos alteran, relajan, estimulan, excitan, apasionan, embellecen, enferman o debilitan; los pensamientos pesimistas y carentes de argumentos positivos roban nuestra energía. Los mejores clientes de los hospitales son personas estresadas, enojadas con la vida, quienes manifiestan enojo hacía ellos, a un tercero, o al entorno, deprimidas, distraídas: quienes se niegan el propio bien-estar.

Los pensamientos beneficiosos y buenos son el mejor régimen alimenticio

Los expertos en lenguaje corporal, se han dado a la tarea de realizar estudios extenuantes tratando de identificar e interpretar la conexión del lenguaje entre el cuerpo y la mente. Pretenden comprender lo que significan las posturas y los movimientos corporales, su relación con los estados de ánimo y condiciones mentales. Y han logrado reconocer mediante la interpretación corporal lo que los individuos podemos estar pensando, es momento de comenzar a creer y dudar un poco en lo que hemos creído, lo que pensamos repercute en el cuerpo.

El mejor remedio que podemos reproducir para conservar un organismo sano, es pensar bien de nosotros mismos, de los demás, de lo que nos rodea y de la vida misma. De no hacerlo así, entre más constante sostengamos pensamientos negativos y tóxicos rondando e interviniendo en nuestros diálogos internos, los efectos serán con la misma fuerza y condición enfermando al guardarnos situaciones que no nos favorecen. Sin embargo, si deseamos sanar el cuerpo, primero tendremos que desechar y sanar las ideas que nos contaminan.

Si movidos por el morbo decidimos caer en la crítica y tomamos la decisión de dejarnos llevar en ser partícipes de charlas en donde el cáncer, el sida, los infartos, o cualquier enfermedad que perturbe el estado natural de la salud, sean los temas centrales, adornando con luces y dotes de gala situaciones por las que seguramente este pasando alguien más, exagerando toda condición, o temiendo que algún suceso de ellos se interponga en nuestras vidas, lo único que podemos llegar a lograr es la construcción del reflejo en nuestro cuerpo, siendo la expresión a la misma proporción que le dediquemos.

Las enfermedades no habitan en el cuerpo del individuo que se siente bien, que decide no hablar continuamente de males y padecimientos, sencillamente no deja que entren conceptos, ideas o pensamientos equivocados que distorsionan lo verdadero para no sufrir las consecuencias. **Todo lo que entra en la mente crece y se manifiesta**. El tiempo transitado en pensar en estos menesteres nos marcará la pauta de la manifestación del reflejo, según con lo establecido en la intensidad, el miedo y la cotidianidad que le invertimos al caos que contraen las cosas erradas.

Si la mente sufre, el cuerpo lo resiente y expresa

Para mantener el estado natural de la salud, es necesario negarle rotundamente al intelecto en ser partícipe de temas desagradables o que acechen en contra de su naturaleza, sacando la podrida mugre de la enfermedad que es habilitada en nosotros. Nuestra vigorosa mente, reconoce las ideas que le son pasadas ante ella como si fuera una película y comienza a trabajar activándolas en el campo del subconsciente, cocinando el efecto, de forma que si pensamos en cosas equivocadas lo expresaremos tarde que temprano.

Debemos limpiar la estructura mental, mediante la liberación y disolución de viejos recuerdos dolorosos que se encuentran colocados en el disco de memoria del subconsciente. Estos conceptos dolorosos e imperfectos, los hemos fabricado y relacionado con una carga emocional desagradable y al reproducir recurrentemente esos sucesos, al ser extraídos inconscientemente del archivo mental, les abrimos la puerta de la creación y la manifestación de la vida, poniendo a trabajar la red neuronal, descargando pequeñas dosis de químicos o "veneno" que intoxica el organismo, reflejando la operación del pensar herido o lastimado. Es de crucial importancia que seamos dóciles, y acceder a los recuerdos que han dejado heridas con el objeto de liberarlas de la mente, para que terminen de proyectarse en nuestra vida. Esa información o vivencias pertenecen a un muerto pasado que se reproduce y vuelve a dar vida cada vez que lo recordamos.

En el capítulo seis, haré mención de algunos métodos que podemos utilizar para eliminar esos acontecimientos vividos que fueron grabados con una carga emocional negativa, recuerdos que nos truncan negándonos avanzar en el tranvía de la existencia y que nos impiden experimentar la plenitud de la salud y de la felicidad. -*"Mente sana en cuerpo sano"*. Tal como pregonaba Platón o dándole vuelta a la idea: sano de mente es igual a sano de cuerpo, pensamientos sanos, fuertes, joviales, amorosos, y positivos vivirán en un cuerpo saludable.

ETERNAMENTE JOVEN

La red neuronal, también actúa a favor de la juventud. Al llegar a cierta edad la gran mayoría buscamos encontrar en el exterior el secreto de la fuente de la eterna juventud. Hoy sabemos que siendo secreto o no, son los estados mentales los encargados de proyectar en el rostro y cuerpo, la naturaleza de los pensamientos que en ellos albergamos. Si observamos a dos sujetos que poseen la misma edad, notaremos que no siempre los efectos del envejecimiento son los mismos en ambos, de forma que uno suele manifestar en su anatomía el paso de los años más fuertemente que el otro.

Esto es debido, a la imperfección de los modelos mentales que acogemos individualmente, es decir, la percepción de la vida de aquel sujeto que en apariencia es más viejo, se debe a que posee un modelo con una mayor inclinación a pensamientos errados, que no le permiten avanzar más y abaten su energía.

Los pensamientos y el sentido que le otorgamos a nuestra percepción diciendo que todo es difícil, nos lleva a expresar agotamiento. Cuando dejamos cosas inconclusas y sin resolver, ya sea con nosotros mismos o con el entorno, permanecemos angustiados y nos sometemos a un deterioro que manifiesta la carga emocional de esos pensamientos. Ó cuando nos mantenemos dándole vueltas a la idea de temer envejecer eso nos lleva en la línea directa a padecerlo.

Para exteriorizar y **reflejar JUVENTUD**, es justo que renovemos la forma cómo percibimos la vida, deseándonos sentir tan jóvenes como nos sea preciso, haciendo nuestros, los sentimientos de vigor, entusiasmo, valor, energía, ilusión, fe, optimismo, confianza, alegría y felicidad. Comencemos a refrescar nuestras mentes involucrándonos en nuevos proyectos, aprendiendo cosas nuevas, tomándole interés a lo que jamás nos importó, eso nos ayudará a disfrutar otros matices de nuestras experiencias y nos hará restablecer la pasión de vivir. Recordemos que la mente no almacena el tiempo como tal, de forma que si damos vida y arropamos en nuestras actitudes este sentir-pensar de juventud, lo expresaremos a la misma medida y condición.

EL ÉXITO COMIENZA CON LA VOLUNTAD

Si piensas que estas vencido, lo estás.

Si piensas que no te atreves, no lo harás.

Si piensas que te gustaría ganar, pero no puedes, no lo lograrás.

Si piensas que perderás, ya has perdido.

Porque en la vida encontrarás que el éxito comienza con la voluntad del hombre.

Todo está en el estado mental.

Porque muchas carreras se han perdido antes de haberlas corrido y muchos cobardes han fracasado antes de haber su trabajo empezado.

Piensa en grande y tus hechos crecerán.

Piensa en pequeño y quedarás atrás.

Piensa que puedes y podrás.

Todo está en el estado mental.

piensas que ya estas avejentado, lo estas.

Tienes que pensar bien para elevarte.

Tienes que estar seguro de ti mismo, antes de intentar ganar un premio.

La batalla de la vida no siempre la gana el hombre más fuerte o el más ligero, porque tarde o temprano, el hombre que gana es aquel que puede creer hacerlo.

Rudyard Kipling

Tenemos la capacidad para decidir aquello que deseamos o no lograr, haciendo uso de nuestra libertad. La voluntad es el motor de todo; es la fuerza armónica que nos mantiene activos impulsándonos a hacer cosas que no imaginamos jamás lograr, su consigna es revelar los resultados de los sueños impuestos y para los que hemos trabajado. Sin embargo ¿Qué sucede cuando decidimos coartar este poderío que nos fue otorgado? Nos limitamos de vivir por confort, miedo o apatía, decidimos estacionarnos en un nivel emocional con tendencia a la baja autoestima, paralizando nuestras facultades, pensamos que no podemos avanzar y sólo hacemos esfuerzos por justificarnos a nosotros mismos y así comenzamos con el juego de las víctimas en justificación de nuestras conductas y comportamientos.

Cuando decidimos alimentar el cotidiano pensar con la idea de la existencia de un complot que la vida y las circunstancias aparentemente crearon, que va volcando todo en nuestra contra, y no sé cuántas condiciones erradas más, lo que estamos obteniendo con este dinámica, es sentirnos como seres humanos derrotados, poco valiosos e indignos de las manifestaciones de amor y nos apartamos de las oportunidades, sufriendo las consecuencias de vincularnos con lo equivocado.

Sostenernos en la mentalidad de víctimas, nos arrastra a situaciones negativas que nos sitúan directamente a corresponder en el camino con personas conflictivas, que actuarán dirigiéndose a nosotros haciéndonos sentir en el personaje de víctimas, obteniendo de un tercero reacciones y conductas procedentes de un maltrato.

Las condiciones de sentirnos víctimas hospedando sentimientos de baja autoestima, hará que las situaciones se ajusten según las Leyes de la Creación, enviándonos todo aquello que refleje pensamientos activos y equivocados de pobre frecuencia. En este tipo de circunstancias, estaremos propensos al vínculo de vivir asaltos, accidentes, agresiones, enfermedades, golpes, insultos, y todo lo que se relaciona con nuestro victimismo. Al sentirnos de ese modo, nuestro entorno se encargará de ser correspondiente a lo que pensamos. Sin embargo abandonar este juego atormentador de víctimas nos hará elevarnos y recuperar la voluntad pérdida para retomar el vínculo con las oportunidades que hemos dejado pasar.

¿Cómo piensas?   ¿Qué deseas?   ¿Qué reflejas?

En una ocasión me encontraba en medio de una reunión con viejos amigos poseedores del mismo conocimiento del que habla este libro. Una amiga nos comentó que tenía varios meses sin que se le manifestara una relación amorosa estable, había salido en plan de cita en un lapso de seis meses con tres hombres diferentes, tanto en edades como en costumbres, auspiciando muy bien el inicio de la supuesta relación, sin embargo, en el transcurso del romance algo sucedía, de marchar las cosas favorablemente la terminaban abandonando por otra mujer. Se cuestionaba qué es lo que estaba activando en sí misma para atraer y arrastrar ese tipo de relaciones. Había cambiado y limpiado su mentalidad de pensamientos de resentimiento hacia los hombres debido a una mala experiencia del pasado, así que era libre de manifestar algo verdadero y ajeno al papel de víctima del cual se deshizo para prosperar.

El patrón era muy claro, pero no lograba identificar la causa para dar corrección, por lo que expuso su caso en espera de recibir un poco de dirección de nuestras partes. Después de darle un par de vueltas a la situación, mencionó que le parecía curioso que los tres sujetos poseían una similitud en las facciones que le recordaban al novio de una amiga que le había presentado cuando iniciaron la relación. Después de mencionarlo, no guardó silencio, se notó la sorpresa en su rostro y por su expresión supimos que había descubierto el origen del problema.

Recordó que en el momento en que conoció al novio de su amiga, se sintió atraída por él. Ante la imposibilidad de hacer cualquier cosa su subconsciente se fue motivando a manifestar en su vida alguien similar. A los días tomó la decisión, poniendo en práctica sus conocimientos, y se sentó en el espacio de la soledad imaginó conocer un hombre con las mismas características, tomando al novio de la amiga como inspiración. Lo visualizó atractivo para ella, pero en una relación con otra mujer.

La situación era clara, al dar rienda suelta su bosquejo mental, su mente no interiorizó que el hombre fuera libre y para ella. Su mente asimiló el tipo de hombre que buscaba, pero lo hizo con estas características, proyectando alguien como él pero perteneciente a otra mujer, manifestándose como un patrón en sus siguientes relaciones. Los galanes, partían de su lado para iniciar una relación con otra mujer, pues la consigna de atracción fue bajo esa perspectiva.

Experimentarás, el reflejo de los efectos correspondientes a todo aquello en lo que distorsionadamente crees.

4. EL SISTEMA DE CREENCIAS

Llamamos creencias a las ideas o pensamientos que asumimos como verdades. Son las opiniones de cómo creemos que son las cosas y les otorgamos el sentido de ser cierto según nuestra percepción, en consecuencia de ello las creencias controlan nuestra toma de decisiones y el rumbo de nuestros caminos. La vida se ajusta a la medida y condición de lo que creemos, situación que nos lleva a meditar si los contextos que reproducimos en nuestros diarios diálogos internos son positivos o distorsionados. Existen ideas que nos limitan por ejemplo: creer que no somos lo suficiente atractivos para que alguien se fije en nosotros y les provoque interés conocernos; el contenido de esta creencia nos limita a vivir experiencias de conocer gente, nos auto-etiquetamos y las situaciones se ajustan a ello.

Durante el recorrido de la historia de la humanidad, la vida de los seres humanos se ha gobernado a través de un sistema de creencias, con el objetivo de vender ideas y formas de pensar preestablecidas. Como resultado, nos hemos apartado de la realidad bloqueando los pensamientos procedentes de la propia convicción. Se nos ha programado con ideas equivocadas que reproducimos en nuestra conducta y hemos perdido la autonomía de nuestra creatividad e intuición, manifestando así ser individuos diseñados en línea o en serie.

El comportamiento de los hombres, fue regido mediante reglamentos morales, sociales, culturales, y religiosos. Corrientes de ideas implantadas a través de miles de hábitos de pensamientos distorsionados en sus diferentes gamas. Hoy persisten y son las responsables que nos condicionan a padecer situaciones ya que la gran mayoría de las creencias habilitadas en nosotros, son procedentes del miedo y de la ignorancia y en respuesta de ello, somos programados a vivir de tal manera.

La obediencia por sumisión, es la principal conducta sembrada en la mente humana para gobernar nuestro comportamiento como si fuéramos un rebaño. Se difundió el concepto de miedo entre las masas, sometiéndonos a ejercer como castigo la crítica y la reprobación social; aquellos individuos de mente libre de creencias que buscando ser ellos mismos desobedecieran o fueran en contra del sistema estructurado, fueron condenados señalados y etiquetados como ovejas descarriadas.

La principal misión del sistema nos orilla más que sugerirnos; a pensar, actuar y proceder según las dictadas reglas esclavizando nuestro comportamiento sin importar si el sistema de creencias es verdadero o equivocado. Se restó importancia sin hacer un previo análisis ante las ideas impuestas, ignorando si dan cabida a seres humanos felices y plenos, derramando el miedo social al no ser bien vistos, a ser juzgados y a no contar con la aceptación y el amor de los demás si acaso se piensa y se actúa de forma libre guiados por la intuición.

El universo es infinitamente abundante, y no excluye a ningún ser de gozar y experimentar lo verdadero, sin embargo nuestros antepasados en plena ignorancia del poder mental, creyeron hacer bien su trabajo y nos educaron con líneas equivocadas usando este beneficio que nos dotó la naturaleza en nuestra contra. Al no poseer el conocimiento: **nos hemos de convertir según nuestros pensamientos**. Pintaron la carestía de varias creencias que nos limitan en diferentes áreas manifestándose en las finanzas, en la salud, en la carencia emocional, y la más terrible de todas las pobrezas: la mental al no ser soberanos de nuestra facultad.

Durante miles de años la sociedad se entregó a la engañosa tarea de adiestrar a los seres humanos a pensar a través de doctrinas para no pensar por sus propias opiniones. Despojando los pensamientos procedentes de la divinidad (en donde versa lo bueno y verdadero: abundancia, salud, felicidad), se nos infundo la ideología de la complejidad del camino argumentando que todos somos poseedores de una cruz de sufrimiento que se habrá de cargar por el empedrado de nuestras vidas. Se implantó el pensamiento de queja haciéndole honor al ahogo mental, quejándose de "algo" haciéndonos sentir que nunca se posee lo suficiente, y así nos transmitieron la idea del sufrimiento: sufrimos por lo que no tenemos y condenamos a no amar lo que tenemos.

Hemos aprendido de lo que vemos y escuchamos del entorno habilitando en nosotros modelos mentales con pensamientos cargados de emociones negativas convertidos en creencias limitantes. Nos transmitimos unos a otros nuestros complejos y frustraciones autodestruyéndonos a nosotros mismos. Ajustaron las ideas llamadas prejuicios con la misión de crear mentes infelices rechazando amarse unos a otros en plenitud, si existe discrepancia de ideas; según el sistema de creencias, tenemos que pertenecer a la ideología que profesa la totalidad del rebaño de lo contrario se juzgará a todo el que intente salir de los caminos impuestos.

Nos instalamos unos a otros nuestros miedos grabando en los discos de memoria del cerebro, situaciones irreales que se le otorgan un sentido de descontento como si la vida fuera en realidad mala o difícil, adquirimos las opiniones que nos limitan desconociendo que toda creencia tarde o temprano se verá reflejada en actos de patrones de conducta, haciendo repetidos tropiezos.

Se creó el monopolio del miedo, construyendo gente incompetente para disfrutar de la plenitud de la vida, vendiéndonos miles de frases que quizás estén habilitadas como las siguientes: "si no se sufre seguramente no serás un buen ser humano y por lo tanto no obtendrás un lugar en el cielo", "la vida es muy dura y difícil", "las desgracias vienen acompañadas de más adversidad", "los hombres no lloran", "la mujer es el sexo débil", "hoy en día todo es muy complicado", "si se desea merecer se tendrá que aguantar malos tratos" "el amor te hará sufrir", "no lo intentes seguramente fracasarás".

La vanidad también se colocó de moda jugando un papel importante en las creencias, si no contamos con un cuerpo bello según la creencia de la época, no seremos aceptados por la gordura, y quizás podremos borrar la fealdad que se asoma por la cara sometiéndonos a tratamientos costosos y dolorosos con la finalidad de poseer el arquetipo que va de la mano con la tendencia de la aceptación.

La sociedad propone que el ser agraciado y esbelto va de la mano de un mejor futuro y después de unos años cuando se plasme el tiempo en el rostro y las arrugas roben nuestra nidad, planchar el cutis, podrá ser lo idóneo, para rescatar un poco de amor propio cuando veamos al espejo sino acabaremos odiándonos.

El dinero tampoco es la excepción, se nos ha hecho creer que su posesión corresponde sólo a unos cuantos y que la única forma de poseerlo es afectando a terceros, – "el que no es tranza no avanza", "para lograr unos billetes se habría que trabajar arduas e intensas jornadas de trabajo y aun así difícilmente se llegará a ser rico, el dinero no nace en los árboles, el dinero es la causa de todos los males, si naciste en una familia pobre de ese lado te toco pertenecer" heredando mediante estas creencias limitantes, la idea infundada de casarnos con la pobreza.

Implantaron la carencia de amor propio enseñando a dirigirse de forma sumisa y abnegada ante todo aquel que desee recibir afecto, nadie ama a los rebeldes que se imponen, así que se tendrá que actuar como la marioneta de los deseos de otros para ser digno de amor.

En el caso de la enfermedad las creencias erróneas de la sociedad argumentan que el único medio sanador son las medicinas y medicamentos, robando el poder de la verdadera salud que se manifiesta al pensar bien, haría falta un libro completo o más, para darle cabida a todas aquellas condiciones equivocadas que están tatuadas en la mente humana y que son heredadas generación tras generación, pero con estos ejemplos basta para analizar las falsas líneas de las creencias infundadas. Habrás podido observar la carencia en todas sus presentaciones y darte cuenta por lo que has leído hasta ahora que en realidad son engaños que limitan el poder mental. El dinero no es malo; la pobreza no se hereda, lo que en realidad se adopta es la forma en qué decidimos ver el dinero, si pensamos mal de el y en su posesión, sólo nos dará penas y estamos aplazando su llegada.

Las medicinas no son lo único que le regresa la salud al cuerpo, también lo hace el restablecimiento de la armonía mental. Hasta que nos observemos, nos escuchemos al hablar al dirigirnos a los demás, podremos suprimir e erradicar la creencia equivocada. Tenemos que enfocarnos, poniendo atención en el pensar para cambiar los pensamientos sembrados, buscando adquirir una vida armoniosa e ilimitada.

¿Qué ideas de la creencia adoptaste como parte de tu vida?

Es la práctica constante de tus pensamientos equivocados; engaños que distorsionan tu realidad, creencias cargadas de miedo e insuficiencia que te has repetido, creaste hábitos que al paso del tiempo se te han vuelto costumbre. Si lo que pensamos y sentimos es el resultado de nuestras vidas, si los pensamientos son los causantes del estilo de vida, habremos de hacer algunos ajustes en nuestra forma de pensar para cambiar la realidad, rompiendo el molde de creencias equivocadas que por ignorancia adquirimos del entorno, sólo pensando bien del todo, conseguiremos el reflejo del poder mental sobre nuestro mundo. Las creencias establecen los límites de lo que se puede expresar y manifestar, no te sometas a ellas. Recuerda que aquello que pensamos y creemos, es lo que sentimos, y lo actuamos creando nuestro propio destino.

¿Quieres saber cómo será tu futuro?. Observa tus pensamientos.

Identifica tus creencias limitantes autoimpuestas:

¿Qué es lo que piensas de ti mismo?,

¿Qué es lo que crees acerca del amor?,

¿Cómo lo percibes?,

¿Qué es lo que crees del dinero?

¿Tienes una buena opinión del trabajo?

¿Qué piensas del éxito?

LA OVEJA NEGRA

El concepto de oveja negra o descarriada ha sido satanizado y tergiversado, negándole a estos sujetos la aceptación por sus ideas revolucionarias y por romper los esquemas impuestos con los que ha de proceder el rebaño. Sin embargo la realidad de este tipo de individuos reside en su mentalidad libre, les permite no vivir a la sombra de la condición humana. Hacen uso de su libre albedrío por encima del sistema, decidiendo cuando obedecer las creencias del entorno y cuando salir del molde mental impuesto limitado que gobierna a los demás. Actúan por su propia convicción, en su entendimiento perciben cuando algo no marcha bien en el sistema de creencias y lo cuestionan adoptando para si respuestas propias procedentes de la Inteligencia Divina e intuición.

Se niegan a ser gobernados como parte del rebaño. No se trata de sujetos resentidos o enojados con los demás o con la sociedad como nos han hecho creer. La oveja negra tiene la percepción del todo, bajo un cristal y estilo diferente, estos descaminados como les ha juzgado la sociedad de todos los tiempos, son abiertos adaptándose muy bien al cambio, se rehúsan a esclavizar su mente y vida ante ideologías que no le favorecen su avance y desarrollo.

Deciden ante todo suceso, por medio de la razón, eligiendo qué ideas adoptar en su estructura mental y cuales rechazar. Los revolucionarios dan por hecho que toda creencia no es verdadera y buena para la evolución mental y para sus experiencias de vida.

En el trayecto de la humanidad, han sido varias ovejas procedentes de vestimentas negras y rebeldes mentes, que han defendido sus ideales por encima del sistema de creencias; uno de ellos fue el filósofo Sócrates, acusado de corromper a la juventud de la época, sembrando en incógnitas que al poner en práctica la razón, activaban el raciocinio, obligando al resto del rebaño a despertar.

Rechazaba las opiniones emitidas sin previo análisis, conocía el poder ilimitado de la mente, sabiendo que lo que a ella entra se manifiesta y proyecta, argumentando entonces que -"Sólo el conocimiento que llega desde adentro es el verdadero". Sócrates sostenía la certeza en que ⸻lsa creencia del pensar equivocado lleva al hombre a la imperfección (sufrimiento), ⸻onando que la verdadera sabiduría está en saber reconocer la propia ignorancia. Fue condenado al llamar ignorantes a los fieles esclavizados pensadores considerados como los más sabios de su época, replicando: "La sabiduría humana (ideología del sistema) es bien poca cosa, o más bien, que no es nada sino se inspira en la única verdadera sabiduría que sólo se revela al hombre por las luces de la razón (pensamientos por la propia convicción)".

El matemático y astrónomo Galileo Galilei también rompió con las creencias de su época, defendió hasta el final su teoría; sostenía que la tierra gira alrededor del sol y no el sol alrededor de la tierra, enfrentándose a las reglas de pensamiento limitado del rebaño, le señalaron como loco por contar con el atrevimiento de pensar diferente. Galilei además objetaba que siempre miramos en el lugar equivocado, siendo la ignorancia la madre de la maldad y de todos los demás vicios. Aunque quizás el más revolucionario de todos los descarriados haya sido Albert Einstein quién aseguró que -"Los grandes espíritus siempre han encontrado una violenta oposición de parte de mentes mediocres".- llamando así a las mentes víctima-mente manipuladas por el sistema.

Las ovejas negras a lo largo de la historia han sido mentes implacables con la misma finalidad, invitarnos a despertar mediante un cambio de perspectiva del todo, capacitándonos a pensar por nosotros mismos, rompiendo según nuestra voluntad con lo establecido y equivocado.

El sistema educa en línea o en serie estableciendo reglas que nos limitan a ver la realidad y aquellos que logran vencer los límites del pensamiento y rompan con el molde mental, serán los poseedores de lo bueno y verdadero, teniendo el acceso del poder mental a favor.

Es momento de razonar por ti mismo, mediante la extracción de las ideas obsoletas que han estado ocupando un espacio innecesario en tu mente, capacítate de manera consciente, para ser el causante de la realización de esos deseos frustrados que hasta el día de hoy se encontraban en segundo plano por no sentirte merecedor de ellos. Despierta y habilítate a pensar correctamente, ¿Cuándo ha sido que te casaste con estas formas incorrectas de pensar?.

El verdadero éxito, bienestar, salud, felicidad y todo lo que desees encontrar lo obtendrás rompiendo con los paradigmas y modelos mentales limitantes.

Aprende mediante la correcta elección de los poderosos pensamientos, reconociendo que la mente es la verdadera productora de tu vida. Otorga el beneficio de la duda ante nuevas posibilidades remplazando la mentalidad basada en pensamientos tóxicos que adquiriste por desconocerte como el responsable de las experiencias que acontece a tu vida. Cambia tu perspectiva y deja de ver la falsa oscuridad que te ocurre, la vida es pro-activa progresiva no es retroactiva, vivimos avanzando continuamente hacia adelante y no hacia el pasado, observa lo grandioso de la naturaleza que rodea a la humanidad; ella cumple su función eternamente caminando y evolucionando. Los árboles crecen hasta dar frutos, cumpliendo con su parte de evolución, el agua de los ríos fluye en constante movimiento. **Avanzar es vivir**: mientras los humanos vivan estancados, estacionados en un supuesto progreso, atrapados en la opinión pública, adquiriendo precauciones y dando cabida al miedo y al sufrimiento no alcanzaremos nuestro verdadero potencial.

¡Sal ya de la cárcel mental y elimina esos registros de tu cerebro! Ya no tienen sentido de pertenencia, no son tuyos los compraste inconscientemente, sepulta esas ideas que esclavizan y sustitúyelas por algunas nuevas, como sugería la gran oveja negra que conocimos como Albert Einstein. **No podemos resolver los problemas usando el mismo tipo de pensamiento que usamos cuando se crearon. (La solución está en el cambio)**

Toma conciencia de la responsabilidad que te otorga la posesión del timón mental. Para tenerlo en tus manos, es necesario educar a tu mente para convertirse en el fiel guardián de tus pensamientos: monitoreando en donde se fija tu atención, permitiendo actuar bajo una disciplina mental: todo logro dependerá de ella.

La vida es abundante en experiencias y las posibilidades dependen de ti: si careces actualmente de tu plena salud, tranquilidad, dinero, fuerza, amor, trabajo, es el momento de tomar el catálogo de tus pensamientos y el listado de tus emociones de manera consciente, dirigirla y gobernarla para la realización de tus propios deseos. Para cambiar el entorno deberás cambiar tus pensamientos construyéndote una mentalidad diferente y proyectándola en tu realidad.

Son las creencias inconscientes las que se manifiestan atrayendo los resultados de tu forma de pensar en el área del amor, de los hombres o mujeres, del dinero, de las relaciones y del todo en general, la única forma de cambiar las experiencias que has vivido hasta ahora será a través de un cambio de tus creencias, tendrás que atreverte a ser una oveja negra.

Las Leyes Universales nos confirman que TODO está conectado: acoge los pensamientos ideales según la experiencia que desees tener en el mundo. Y toma conciencia de esta verdad:

Si existe en tu vida, con certeza pasó por tu mente.

SEGUNDA PARTE

5. ENTRENAMIENTO MENTAL

LA NEUROCIENCIA Y LA CONCIENCIA

La neurociencia cognitiva, nos proporciona una nueva manera de entender al cerebro y a la conciencia. Con la finalidad de comprender mejor la complejidad del funcionamiento mental.

En los últimos tiempos, hemos observado como la ciencia ha logrado desarrollarse a una gran velocidad. Sus avances sorprenden con nuevos hallazgos que revolucionan la forma de pensar de los científicos y la sociedad en general. Es debido al progreso de jóvenes ciencias que comprendemos mejor la influencia de nuestras creencias. Las ideas que arrojan los principios mentales y del espiritualismo, comienzan a ser comprobables científicamente, según el contenido y, por lo tanto, el efecto que generan. Esto ha llamado la atención de algunos escépticos, al sembrar en algunos el beneficio de la duda ante la autenticidad de otras viejas creencias y hábitos mentales.

Apoyándose de herramientas y de los inventos que ha desarrollado la neurociencia, se han desarrollado criterios para la evaluación de la actividad cerebral. Las demostraciones, arrojan resultados que comprueban que somos seres mentales. Que los pensamientos influyen y alteran el comportamiento del organismo, modificando aquello que resultaba ser intangible para nuestros ojos. Lo que no se puede tocar, medir y percibir por medio de los sentidos, comienza a ser aceptable para unos cuantos, mientras que otros reprueban la existencia y eficacia de todo aquello que carece de forma material.

Es necesario pensar con criterio, el escepticismo ante lo que no se puede ver, negando y reprobando la existencia, apariencias que la joven ciencia está logrando modificar haciendo su trabajo mediante la demostración del poder de la mente del cual somos poseedores, los enigmas de la humanidad en esta materia, están siendo resueltos por la ciencia y el conocimiento.

Los principios espirituales y del mentalismo, serían en el pasado considerados como ideas locas y descabelladas, al no poseer los medios que demostrarán científicamente la realidad de lo que profesan. Los descubrimientos de la neurociencia, abren hoy un nuevo camino.

Los científicos se han apoyado en la neuroimagen, herramienta que a través de un resultado con base en imágenes, permite estudiar en mayor amplitud la conducta y comportamiento del cerebro. Las manifestaciones conseguidas a través de las Imágenes de Resonancia Magnética (IRM), aportan cambios radicales que han marcado la pauta, incitando a trabajar la creatividad de los expertos en el tema.

Gracias a la observación del comportamiento de las neuronas, se obtuvieron sorprendentes evidencias que demuestran que la red neuronal del cerebro es maleable y flexible, argumentando con esto que posee plasticidad. Esto no sólo abre las puertas a la curiosidad, sino que motiva e inspira a una más amplia y profunda investigación de los laberintos del cerebro. Se sabe, que ante la ejecución de un cambio de conducta, el cerebro responde modificando su plástica estructura, con la finalidad de preparar al individuo hacia una adecuada adaptación del entorno y a los nuevos acontecimientos que están por presentarse. Es decir, el cerebro se altera a partir de la siembra de un pensamiento al que es sujeto por medio del razonamiento y se prepara para vivir la experiencia.

El español comunicador y científico Eduardo Punset a través de su programa "REDES", menciona que la plasticidad cerebral se manifiesta por cambios en la estructura, cada vez que se aprende algo nuevo: una nueva habilidad, lengua o un nuevo concepto. Lo que significa que el cerebro está diseñado para un continuo aprendizaje. Dicho en otras palabras, el cerebro cambia su estructura moldeándose en función de la información que recibe y se prepara para actuar.

En el pasado se creía que con el paso de los años, el cerebro se bloqueaba a la experiencia del aprendizaje, a partir de la creencia errónea de que las neuronas dejaban de crecer, como si caducaran. Hoy en día, esta se considera una idea anticuada y obsoleta en el campo de las neurociencias. Nuestras neuronas nunca dejan de aprender, están acondicionadas a la evolución, responden ante el cambio. El acumular años sumando edad, no es lo que oxida las neuronas, son las actitudes con las que manejamos el pensamiento lo que paraliza el aprendizaje.

En 1981 los acreditados en neurobiología, Torsten Wiesel (Suecia, 1924.) y David Hunter Hubel (Canadá, 1926.) fueron galardonados con el premio Nobel de Fisiología y Medicina en 1981. El experimento que los hizo acreedores a tan distinguido premio, consistió en privar de la visión a unos cuantos gatos, para someterlos a un entrenamiento intensivo cerebral, capacitándoles con la intención de ir recuperando paulatinamente el sentido de la vista hasta llegar a recuperarla en condiciones normales. Este estudio en la actualidad, es aplicado en personas con problema de vista que se ven en riesgo de perderla permanentemente.

Una vez que asumimos que el cerebro es una máquina pensante que responde ante aquellas actividades y estímulos a los que se es sometido, nos damos cuenta de que es momento de capacitarnos para sacarle debido provecho y comenzar a ver cambios radicales en nuestros estilos de vida.

LAS NEURONAS ESPEJO

En 1996 el equipo del neurobiólogo italiano Giacomo Rizzolatti, descubrió por "accidente" las ahora conocidas neuronas espejo. El mayor descubrimiento en esta joven ciencia hasta el momento. El hecho sucedió, mientras el personal de científicos estudiaba la conducta del cerebro en un macaco, cuando uno de los investigadores tomó una fruta buscando satisfacer su apetito. El primate al ver ejecutada esta acción, demostró a través del estudio de neuroimágen que se le estaba haciendo en ese momento, la activación de ciertas neuronas. El suceso despertó gran curiosidad abriendo nuevas hipótesis de investigación. Posteriormente, el estudio se llevó a cabo en humanos y fue entonces que se comprobó la existencia de estas neuronas espejo: las repetidoras del aprendizaje.

Las neuronas espejo se activan cuando se ejecuta una acción o al observar esa misma acción ejecutada por otro individuo. Se les dio el nombre de espejo porque imitan como "reflejando" la operación, demostrando, que se aprenden nuevas habilidades por la imitación. El especialista en neurología de la conducta el hindú Ramachandran, opina que las neuronas espejo, son las que permitieron desarrollar las habilidades sociales y culturales del ser humano; -"A través de la imitación vamos heredando comportamientos y conductas de generación en generación y así sucesivamente aprendemos imitando"-.

Tal vez esto explicaría, por qué los seres humanos venimos arrastrando conductas culturalmente heredadas por los ancestros: en realidad imitamos y aprendemos de lo que piensan los demás, estando sujetos a la influencia de la cultura y del entorno.

Abrir la puerta a todo lo que se cree, nos habilita en eso que creemos, quedando tatuado en la mente subconsciente, proyectándose en escenarios y realidades de vida. Tenemos que detenernos a hacer conciencia cuáles son las conductas perniciosas que imitamos inconscientemente. ¿Qué es lo que hemos aprendido del entorno en donde crecimos? Y en ¿Qué escenario nos movemos?, ¿Qué es lo que llama nuestra atención? ¿Cuáles son esos programas que repetimos que están vivos en nuestra información neuronal? Condiciones que nos mantiene negando nuestra propia evolución.

El hombre posee una máquina pensante con supremas habilidades, sin embargo, la realidad radica en la condición con la que ha operado su majestuoso poder. Los individuos hemos malgastado el tiempo desperdiciando la capacidad de la mente incidiendo en nuestra calidad de la vida. La mente no guiada o gobernada por la observación, es una puerta abierta que deja correr la imaginación a favor de lo errado, pensando mal de todo, fantaseando y suponiendo cosas que en la realidad no existen, enfocando el pensar en situaciones ficticias que recrean ideas cargadas con energía negativa.

¿Y si me asaltan?, ¿ si mi pareja me es infiel?, ¿ si el negocio se cae y no se concreta?, ¿ si me quedo solo en la vida?, ¿ si me corren del trabajo? ¿ si choco? Todas ellas preguntas basadas en creencias erradas que sólo aportan a la vulnerabilidad y el caos mental.

Lo ideal es dejar de opinar en torno a cosas y situaciones que no nutren nuestra mente. ¿Por qué no comenzamos a cambiar la energía de esos ladrones de tranquilidad mental y decidimos dar un giro para pensar de forma positiva y enfocada?

La mayoría de las veces estamos casados con los pensamientos negativos esperando siempre lo peor de todo lo que nos rodea, y nos hacemos tontos a nosotros mismos esperando que las cosas cambien, cuando la verdadera pregunta es. ¿Cómo podemos pensar para cambiarnos a nosotros mismos? solamente eligiendo pensar bien de todo y volviéndote un ser nuevo con nuevas investiduras mentales, dejando atrás las suposiciones mal intencionadas y las creencias limitantes.

La información que hemos adquirido a lo largo de nuestras vidas la encontraremos en el archivo mental proyectándose en malos guías, ¿Por qué no pensamos que somos propensos a ser sanos, fuertes, amados, a tener el mejor trabajo y los mejores clientes, las mejores relaciones amorosas y una vida más próspera? Acostúmbrate a pensar bien contagiándonos de bienestar esperando lo mejor siempre y en cada momento y no lo peor, esto se manifestará en la realidad a partir de tus proyectos mentales.

Debido a que, los acontecimientos que vivimos van trazando una historia, archivando en el disco mental de memoria esas vivencias y que reaccionamos en base a ellas, pensar en modificar algo en nuestras vidas, es pensar en comenzar por hacer un inventario de la mente.

Es a través de la observación de lo que pensamos, sentimos y hablamos que podremos ir identificando para suprimir aquellos datos equivocados que se encuentran ocupando un espacio. Recordemos que la mente puede transformarse y al hacerlo obtendremos un resultado diferente.

Los pensamientos son los responsables de causar cosas, una mentalidad trabajada sobre una historia neuronal, en todo aquello que guardamos, archivamos, tememos y sentimos, obedecerá conectándose con la sustancia y energía creativa Universal, reflejando la fórmula mental en el mundo material. Independientemente de que lo creamos o no, independiente de que lo comprendamos. Las Leyes Universales son los hilos que mueven al Universo, existen trabajando para proveernos de lo que archivamos en la mente. Las neuronas no modificarán la plasticidad cerebral sino son preparadas para la nueva experiencia, sino sembramos cosas nuevas para expresar. Pero si entrenamos de forma consciente al cerebro, que es plástico y cambia, se ajusta a la medida de nuestros pensamientos.

Como en toda disciplina será necesario rechazar el hábito de la pereza mental: las mentes están invadidas de flojera respecto al arte del pensar, ya que no tenemos total conciencia de la verdadera misión del ser humano: desarrollarse en la tierra, avanzando hacia un continuo aprendizaje y evolución que sólo es logrado por medio y a través del pensar correctamente.

Aquello que día a día se llama a través del pensamiento, abre la puerta del escenario de vida. La sustanciosa energía del pensar da vida a la manifestación de los pensamientos, haciéndolos tus fieles proveedores. Quizá te habrás abastecido en el pasado de enfermedad, penuria, pobreza, calamidad, temor, odio, incertidumbre, engaño, envidia, ira o venganza. Porque no hemos sabido lidiar correctamente con nuestros miedos, cuando comprendemos que nuestra capacidad mental opera para nuestro beneficio si lo sabemos encausar, despertamos ante la conciencia de no atesorar temores y mucho menos engrandecerlos, tarde o temprano se volcarán en nuestra contra, le hemos dado el total gobierno de nuestras vidas. Pero si pensamos y elegimos en el catálogo del lenguaje de la mente, pensamientos proveedores de lo verdadero, podremos aprovecharlos para nuestro beneficio.

No uses el poder de tu mente para autodestruirte. No se trata de guion de ciencia ficción, las personas que han llegado al éxito y avance en sus vidas, decidieron permitirse así mismos una nueva y diferente forma de pensar, rompiendo con lo establecido.

La mente puede hacer que alguien sea lo que se cree que es, esa es la verdadera magia; ese almacén mental del que se es poseedor, responde a lo que tú decides trabajar a través de los pensamientos.

¿Quieres saber lo que está por llegar a ti?

Escucha a tus pensamientos.

EL PRIMER PASO: ESCUCHA TUS PENSAMIENTOS

El primer ejercicio de nuestro entrenamiento, es trabajar en la observación de lo que pensamos y en nuestras actitudes, con el fin de reconocer nuestros pensamientos. Sólo observando tu pensar conocerás el resultado de lo que habita en tu mente. Capacítate en la observación, convirtiéndote en tu propio guardián mental: vigila tu pensar con la finalidad de ir creando mayor conciencia de tu poder mental. De este modo podrás identificar a esos recuerdos, sentimientos y formas de pensar dolorosas que ya no encajan, ya no pertenecen más a ti, porque ya no proyectan cosas buenas en tu vida. Es crucial que identifiques la basura mental que has adquirido para poder ajustar el pensamiento correcto y verdadero.

Imagínate por un momento siendo el intrépido operador de tu monitor mental, supervisando lo que piensas, controlando y dirigiendo tu lenguaje, monitoreando y observando la forma en que se producen tus pensamientos, ideas y sentimientos. La tarea de la mente es reproducir el pensar, la consigna del operador del monitor, es observar el proceso, es la observación de lo que se cocina, viviendo el ahora, custodiando de manera minuciosa y verificando la calidad, de los pensamientos, buscando si su naturaleza es rica en nutrientes, si son correctos y verdaderos. Sólo atendiendo el enfoque del pensar, se aprenderá a gobernar la mente. Ignorar nuestros pensamientos decidiendo no observarlos sólo nos llevará a la reproducción de ellos en forma desordenada; pensando, actuando y operando bajo el piloto automático, haciéndote un fiel sirviente del sufrimiento y la insuficiencia de cualquier tipo, alejándote de tu evolución.

Una vez que te observes, toma nota del tipo de carencia que has adquirido en tu lenguaje mental. Enumera en forma de lista, los hábitos negativos y los pensamientos equivocados que son recurrentes. Si notaste repetidos pensamientos de insuficiencia económica, enfermedad, o cualquier situación mal intencionada, nos avisa que hay algo recordando que se encuentra ocupando un espacio entre nosotros, pidiendo manifestarse en cosas concretas en el exterior.

Quizás en un principio te resulte un poco incoherente poner en práctica el monitoreo, sin embargo es necesario para notificarte en qué tipo de mentalidad te mueves. Sólo así sabrás si eres miedoso, chismoso, criticón, si envidias o temes por tus finanzas, o por tu salud, si procedes con avaricia o resentimiento.

Evalúa qué tipo de información está habilitada y viviendo en tu mente y lograrás identificar el patrón que se manifiesta en tu experiencia.

Cuando me encontraba estudiando el primer año de Metafísica, el maestro aplicó al grupo de alumnos, la consigna de la observación. Replicó, que esta tarea nos ayudaría en el aumento de conciencia del por qué experimentamos lo que vivimos. Puse en práctica la observación del pensar, procurando atender a lo que pensaba en tiempo presente. Al principio resultó ser difícil: comenzaba con la auto-observación y de pronto me encontraba en el pasado o en el futuro, divagando, pensando cosas sin sentido, reproduciendo historias que suponían cosas, pasando de una idea a otra. Me percaté de que mi mente estaba confundida por la revolución de pensamientos disparados y me fue complicado retener mi pensamiento en una sola cosa.

Durante unas semanas, tomé anotaciones de los pensamientos equivocados reproducidos, y el resultado fue que me encontré con pensamientos errados en torno al enojo y queja. Mi sentir en esa época era de irritabilidad, debido a un suceso por el que pasé con algunos amigos y archivé de forma inconsciente. Pensamientos acerca de la ingratitud de las personas, desatando rabietas por la falta de agradecimiento hacia mi persona. Me di cuenta de que mis pensamientos no monitoreados se habían reflejado en mi gastritis: era mi cuerpo el que sufría los efectos del enfado. También noté que mi ofuscación aumentaba al no saber qué decisión tomar con respecto a un proyecto personal. Sucesivamente me fui percatando de otras actitudes erróneas que procedían de mi pensar, mientras charlaba con otras personas, pensando para mis adentros, observaba la amargura que asomaba en sus caras, dibujando líneas de expresión. Mi observación al dar enfoque en el efecto negativo manifestado en sus rostros de amargura, me conectaba directamente a expresarlo también en mi rostro ya que te convertirás en aquello en donde pongas tu atención. Este concepto de Ley Divina que sólo conocía en la teoría y en mis apuntes como estudiante fue cada vez más claro cuando comencé a verme al espejo descubriendo algunas líneas de expresión que denotaban amargura. La ley había hecho su trabajo. Me sorprendí de aquello que guardaba en mi almacén y lo loca que puede ser la mente si no la educas. Sin embargo, este primer paso, esta toma de consciencia, ya era un inicio hacía el correcto manejo de mis pensamientos.

¿Cuáles son tus pensamientos recurrentes? ¿Cuál es tu pan de cada día, de qué alimentas tu mente?

EL SEGUNDO PASO: MANTENERSE

Mediante la voluntad de insistir y mantenernos apegados en una misma idea, vamos creando una rutina de pensamientos a los que la mente poco a poco va cediendo, hasta llegar a adquirir cierto automatismo. Sin ser ya necesario aplicar la voluntad, al reconocer el comportamiento al que fue sometida durante un periodo de tiempo, la mente recrea habilitando esas conductas por costumbre. Una vez obtenido el resultado de la observación o monitoreo, es más fácil ubicar nuestras carencias para negarles a volver a darles vida, a no pensarlos y en consecuencia pensar en lo opuesto para cambiar las manifestaciones.

Cierto día, acudió a mí un amigo y me comentó que la situación económica por la que atravesaba no estaba en óptimas condiciones. La empresa familiar en la que laboraba se encontraba a punto de terminar sus relaciones laborales y comerciales, lo que le llevó a pensar en la gran posibilidad de perder su empleo. El miedo ante la inseguridad económica, comenzó a manifestarse y su pensar no sólo manifestaba el miedo al desempleo; también percibía con temor un sentido desmesurado de ahorro. Sus finanzas comenzaron a tambalear, el dinero no rendía y lo que él no podía concebir, era que los gastos fijos a los que se enfrentaba regularmente eran los mismos, y sin embargo el dinero no le alcanzaba. Le recomendé que hiciera un inventario mental, el cometido de monitorear los pensamientos con sentimientos de angustia y pobreza a los que daba vida. En el transcurso de unos días me llamo del móvil mientras se encontraba haciendo sus compras semanales en una tienda departamental. Me comentó que se había percatado de que el pensamiento y sentido de pobreza recurrentes, le generaban una angustia que lo obligaba a ir directo a los anaqueles en donde se exhibían los saldos, remates y rebajas de mercancía. Al darse cuenta de la dinámica inconsciente, de la rutina mental que había creado recurriendo fielmente a los descuentos, sintiéndose negativamente con respecto a sus finanzas, proyectó más carencia en sus recursos económicos.

Esto no quiere decir que esté mal comprar o adquirir mercancías en descuentos, o en oferta, lo que no resulta correcto es el sentido que le daba a las cosas. Él operaba su economía con la seguridad de que en cualquier momento iba a perderlo todo. El tratamiento mental que le ayudó una vez identificados sus pensamientos erróneos, consistió en procurar sentirse capaz y autosuficiente, estimulándose a pensar que lo mejor para el era comprar los mejores productos a los mejores precios, a ser selectivo de una forma positiva y enriquecedora para su calidad de vida. Esta línea de pensamiento se manifestó en una menor fuga de dinero: el sentirse capaz de obtener aquellos productos de calidad a un precio accesible, le llevo a encontrar lo que necesitaba y deseaba con un giro en su mentalidad: dejar de buscar lo barato por miedo, para encontrar para sí las mejores mercancías porque merecía lo mejor. Al final expresó un notable incremento de dinero y cambió su sentido del ahorro: dejó de hacerlo por miedo a perder su dinero y vivir carencias, para expresarse como una persona capaz de obtener lo que necesita y abastecerse, de lo mejor en las mejores condiciones, poniendo en práctica la voluntad de cambiar los pensamientos equivocados de carencia económica, llevándolos hacia la abundancia.

La desgracia del ser humano, es actuar en su vida cotidiana con el piloto automático del hábito de la NO razón.

La mayoría deseamos experimentar un cambio, escalar al bienestar y ser felices, sin embargo para lograr verlo en el exterior tendrá que existir una variación interior. Un cambio es una modificación de una cosa para convertirla en algo opuesto, es un remplazo de una cosa por otra. Existe gran incongruencia queremos cambiar, sin embargo no nos comprometemos para hacerlo. El grado alarmante de pereza mental con el que nos conducimos nos lleva a suministrarnos de una inmensa flojera: pensar en todo aquello que nos proporcione un cambio significa una dificultad, un desgaste de energía. Experimentar un cambio de rutina representa un problema, es luchar contra la comodidad y salir de una zona de confort que bloquea nuestro raciocinio.

La idea de un cambio de hábito y, la inversión de energía para acondicionarnos a el, nos asusta y complica, pues requerimos de hacer ajustes. Los seres humanos funcionamos a base de rutinas, y al proceder con el hábito de no pensar correctamente, obliga a la costumbre de buscar ideas equivocadas en nuestros viejos archivos mentales.

Albert Einstein definía a la locura: "-Hacer lo mismo una y otra vez, esperando resultados diferentes".

Si repasas mentalmente conceptos errados como; soy un inepto, nadie se fijará en mí, los hombres son malos, las mujeres son interesadas, soy feo, estoy gordo, gano una miseria, y todo lo que pueda intoxicar y envenenar el pensamiento; enfocando la energía del pensar en dichos menesteres, el efecto será condenarte a vivir con ese tipo de situaciones, pues el camino neuronal ya ha reconocido e instalado estas ideas y los pensamientos causadores de materia y sucesos obedecerán estos conceptos poniendo a trabajar a el Universo en línea con ellos.

Para ejercer un cambio de hábito del pensamiento, se tiene que dar enfoque, buscando encontrar la raíz de lo que estas activando y causando. Si no cambiamos los pensamientos no hay crecimiento. Debemos establecer sólo conceptos de éxito y de aquello que deseemos creer para manifestarlo, insistiendo hasta que el subconsciente reconozca las nuevas ideas como propias y correctas, por encima de aquellos viejos conceptos que se encuentran arraigados en lo equivocado.

Los hábitos se crean por repetición y se destruyen por repetición. Og Mandino decía que **"Sólo un hábito puede dominar otro hábito"**. De modo que si cambias la percepción de como ves a los hombres, mujeres, a la familia, al dinero, a tu jefe y comienzas a pensar bien acerca del todo, la energía de la vida comenzará a hacer sus efectos. Toma la actitud de pensar bien y positivamente en la mayor parte del tiempo, preparándote para esperar siempre lo mejor por ser merecedor de experimentar lo mejor de la vida.

Con la intención, deseo y voluntad, la disciplina te guiará ante la correcta actitud para capacitarte en el pensar correcto, empezando con el entrenamiento adecuado de la observación y del enfoque atencional, podrás reprogramar tu mente. La consigna es mantener esta atención durante lapsos cada vez más largos de tiempo, tanto como te sea posible y tan a menudo como puedas. La segunda parte es proponerte repetir con la misma atención el pensamiento positivo opuesto al pensamiento negativo que te ha generado carencias y has identificado a partir de tu monitoreo mental.

Pensando que eres capaz de realizar cambios positivos en ti, gozoso de experimentar el amor verdadero en todo momento, otorgándote el crédito absoluto por generarte, nuevos hábitos de bien-estar, lograrás proyectar esos pensamientos positivos en tu realidad.

Y si te observas divagando hacia la enfermedad, la pobreza, la envidia, los celos o cualquier idea errónea limitada, bastará con que te esfuerces un poco y niegues la entrada de esa idea a tu mente, porque sino está en tu mente no estará en tu vida: de modo que debes concentrarte en lo que sí quieres.

¡Ya sabes a donde te ha llevado el pensar mal!, ¿Por qué no intentas ver y causar a dónde te llevará el pensar bien?

El pensar es la causa, el efecto es el resultado del pensamiento, los hábitos son todos esos pensamientos trabajados bajo la rutina: recuerda que estos se crean por repetición y se eliminan de la misma forma. Sembrando lo positivo y verdadero ante lo negativo alterarás los resultados que has obtenido hasta ahora.

Piensa siempre positivo, sé eternamente consiente de que tu vida dependerá de tus pensamientos. Rompe con el patrón mental de la limitación.

Tú eres vida; el contrato que te puso en esta tierra no tiene cláusulas de limitación financiera, de salud, de experiencias. La vida es abundante, lo que te limita son los conceptos que atesoras en la mente y si la procuras, ésta puede ser proveedora de vida. Si te manejas con el hábito de la carencia estarás en total contradicción con la Inteligencia Divina y con las Leyes de Vida, pues son abundantes. Se trata de pensarte siempre como merecedor de las mejores experiencias actuando con un sentimiento de certeza, en el ajedrez de la vida todos somos el rey que gobierna, sin embargo si te empeñas en ser peón con un miedo que te limita, éstas perdiendo el juego antes de que siquiera empiece. No te excluyas de la conexión con la Inteligencia Divina: únete a ella procurando en tus pensamientos la misma abundancia y vida que caracteriza al Universo y éste lo reflejará en tu experiencia.

¿Cuánto valen los conceptos que hay instalados en tu mente?..

¿Te han llevado a una vida en abundancia?

¿Cuánto vale tu forma de ver la vida?

La raíz etimológica de la palabra perdonar, proviene del latín per, "con insistencia, muchas veces", y donare "dar, donar o regalar". Entendamos bajo este contexto que el arte del perdón, es un regalar constante.

Durante el transcurso de los tiempos, mientras nos encontramos ensimismados viviendo el correr de los días, vamos atesorando y acumulando cuantiosos sucesos vividos e interpretados según nuestra percepción. Como resultado, vamos adquiriendo y depositando cotidianamente en el almacén mental vivencia, coleccionamos esas experiencias y millones de fragmentos de vida que reproducimos mentalmente al recordarlos.

En la mente, no existe la contemplación del tiempo como tal, como ya lo hemos mencionado anteriormente: el extraer fragmentos de vida que guardamos en nuestra mente nos conlleva a revivirlos en el presente, incluyendo con el, los matices, sentimientos, y la atmósfera con la que fue registrado dentro de nuestra colección de eventos. Cuantas veces traemos recuerdos, abriendo la amplia gama de sentimientos, plasmando y expresando en el rostro la identificación emocional, sublimando alegría en sonrisas, lágrimas enunciando lamento, enojo detrás de un ceño fruncido, frustración, angustia, amor, excitación, etcétera. Nuestra mente, proyecta la carga emocional que está relacionada con el suceso del recuerdo, no a sabiendas de que se le abre la puerta al presente manifestando el efecto correspondiente a la naturaleza del evento vivencial.

Como mencionamos en el capítulo uno, los pensamientos y sentimientos presentes nos conducen, ubicándonos en el lugar en donde estamos; lo mismo sucede con los registros guardados en los discos de memoria de la mente, por ello, proyectamos nuestras vidas según las emociones, memorias e imágenes almacenadas, creando un vínculo emocional, que nos ata en el tiempo proyectándose en la vida cotidiana y generando caos en nuestro entorno, si la carga emocional del recuerdo es dolorosa.

El poder del perdón, es la máxima herramienta que abre la puerta de la liberación, con el damos pasos firmes hacia la disolución de estas ideas erróneas que yacen dormidas en la mente. Perdonar es romper con el freno de mano que nos obstaculiza seguir adelante. Permite sacar de nosotros lo negativo garantizándonos por lo tanto resultados diferentes en nuestro pensar y por lo tanto, en nuestra conducta.

El mantenernos observando la vida y todo aquello con lo que nos hemos relacionado, mirando siempre bajo la misma lupa, o perspectiva, crea efectos y solamente con más de lo mismo, impregnando nuestros días de hastío y soportando el resultado. Observando las mismas consecuencias al no manifestar cambios radicalmente positivos. Permanecer enganchado a una serie de pensamientos dolorosos que exponen una carga emocional negativa por los acontecimientos del pasado, nos hace herederos a situaciones equivocadas, que solemos repetir de forma no consciente en conductas que no comprendemos, hasta llegar a establecer patrones relacionados con sucesos tormentosos que fueron acogidos en épocas anteriores de nuestra vida; acciones que enlazan y encadenan en el tiempo, privándonos del entendimiento y elección de decisiones correctas, por ende, los registros de un estado mental con una carga emocional negativa, dolorosa o malintencionada, mantienen lejos la expresión de lo verdadero, el bien-estar en general.

Si un niño creció en un ambiente hostil, acumulará esos dolorosos eventos, que se verán reflejados tarde o temprano en la edad adulta, llevándole a un camino al cual nadie desea ir. El sufrimiento es lo único que este niño conoce, ello le lleva padecer creyendo que es la única forma de pensar y sentir con respecto al amor o cualquier tema relacionado a. Gracias a la acumulación de estos registros negativos, se gesta el medio ambiente en donde se desenvuelve, cargando el pasado en los hombros de la conducta presente.

Si deseas obtener un resultado o efecto diferente en tu vida; PERDONA.

El perdón es la llave que nos regresa el inmenso deseo de amar libremente, sin limitantes. La constante práctica de esta acción, nos da el poder de volver a ser nosotros mismos, reencontrándonos con ese maravilloso ser al que dejamos en el olvido, perdiéndose de lo verdaderamente trascendental; **una vida en plenitud.**

El perdón es el gran especialista en restaurar almas, es cerrar la puerta de la tortura mental, dándonos el regalo de un nuevo comienzo, erradicando lo equivocado que hemos acumulado por el odio, el rencor y la culpa. Perdonar arranca de tajo con las condenas a la que nos hemos sometido, al desconocer que la información almacenada del pasado en nosotros mismos proyectará nuestras creencias y conductas.

Somos nosotros mismos los que imponemos el castigo de la imperfección humana, guardando en las entrañas menesteres que nos han mantenido infelices, resentidos, ansiosos, débiles o amargados. Nos custodiamos en el pantano de lo desperfecto cuando pensamos que somos tontos, incapaces, e inútiles.

Cuando nos sentimos heridos por cualquier circunstancia solemos ir en búsqueda de la aprobación y el amor propio en los demás. ¿Qué es lo que nos lleva a creer que alguien puede amarnos más que nosotros mismos? Por más motivos que existan equivocados, los errores que padecemos es porqué creemos en ellos, solamente desterrándolos de nuestro ánimo, y abandonando todas esas ideas podremos convertirnos en lo que siempre hemos deseado ser.

Si quieres quitarle piedras al camino: PERDONA

LIMPIANDO EL ARMARIO MENTAL

Para sembrar las bondades del perdón, y retomar una vida en plenitud, es necesario permitirnos cambiar la perspectiva mental y romper con la identificación de los agraviantes; entendiendo así que todos somos capaces de ejercer el libre albedrío. Comprendamos, que cualquier individuo es libre de ejercer la opción de articular opiniones beneficiosas o no, lanzando al aire una ofensa con la misma capacidad como se avienta al aire una moneda; con la incertidumbre del resultado del lado de la cara o cruz que caerá, cumpliendo el cometido o no de la intención del comentario. Sin embargo sólo nosotros somos los responsables de aquello que decidimos adoptar y hacer nuestro, entendamos que si abrimos la puerta al error, se le convida a sentarse en nuestra estructura mental; por el contrario si decidimos tomar acción dejaremos que el ataque pase sin dejar estragos.

Es crucial ejercitar el entendimiento de que no somos afectados por lo que sucede; los agraviantes expuestos del exterior no pueden desgastarnos, no tienen por si mismos poder sobre nosotros; lo que en realidad nos causa daño, es lo que pensamos de las ofensas a las que nos vemos expuestos, lo que creemos y percibimos según nuestra mentalidad y raciocinio. Culturalmente tenemos tatuada en la mente la idea, de pensar que cualquier persona puede dañar nuestro interior, sin embargo ese poder se lo otorgamos nosotros.

Para que las amenazas, insultos y humillaciones no causen dolor, debemos manejar el poder a nuestro beneficio. En realidad el verdadero perdón es aplicable sólo hacia nosotros mismos, perdonarnos por haber permitido entrar a nuestra plataforma emocional acciones envenenadas que intoxican, la influencia de un tercero no nos puede lastimar a menos que le demos permiso de hacerlo.

Cuando trabajamos con una mentalidad llena de pensamientos amorosos propios, con una fuerte y sana autoestima, manifestando ante todo proceder la conciencia de cómo trabaja la Inteligencia del Universo; las palabras cargadas de veneno que ofrece el entorno resultan poco atractivas y pierden su importancia. Reconocer que los pensamientos son poderosos proveedores de vida, es un paso firme hacia el rechazo de lo negativo, pues sólo debemos admitir aquellos conceptos que sean alimento para el alma y con los que deseamos vestir nuestra mente para reflejarlo en nuestras respectivas vidas.

ALIMENTA TU MENTE CON SABIDURÍA

Si dejamos entrar ideas baratas, carentes de contenido nutricional para nuestra mente, se vinculan a nosotros y terminaremos expresándolas en nuestras conductas. La admisión de insultos los incorpora como el ruido mental, causando caos, ligando nuestra existencia directamente al veneno adoptado.

Evitemos sentirnos amenazados, la única amenaza la crea uno mismo, nosotros contamos con el poder de elegir y, utilizar el poder de la mente para evolucionar.

Perdonar es restaurar la mentalidad pasada con cimientos en el miedo, para así poder estrenar una mente sana y causadora de abundantes pensamientos, fuertes, alegres, afortunados y valerosos. Es arrancar la página de los capítulos donde habitan vivencias lamentables, para surtirnos de los efectos positivos y reconectarnos con del poder del amor.

La cura reside en limpiar el armario de la mente, **el perdón es el mejor antídoto ante la enfermedad**, la mugre que se guarda y encajona, se pudre y sólo soltando aquello que infecta el alma sanaremos y volveremos a ser libres.

El cáncer no es lo que está matando a la humanidad, lo que en realidad lo hace, es el exceso de conductas basadas en el miedo, odio y resentimiento; gracias a ello brota enfermedad por todos lados. Permitámonos poner en práctica los pensamientos en el ahora, **trabajando recurrentemente en perdonar**, renunciemos a lo que nos hace daño y está latente dentro del armario mental. Los sentimientos que nacen del odio son innecesarios, en realidad ahora no importa cuánto mal nos hayan hecho nuestros padres, la familia, o la sociedad en general.

Si cometimos un error en el pasado, es momento de ser generosos con nosotros mismos, amarnos y erradicar la tortura de la culpa que nos roba oportunidades. Es antinatural lidiar toda la vida con los errores que hemos hecho. El perdón es aplicable siempre en todo momento y lugar, nos conecta de nuevo con ese mundo de las posibilidades que soñamos cuando éramos pequeños. Nos mantiene libres y armoniosos para seguir experimentando las cosas verdaderas de la que está compuesta la vida.

El perdón es el arte de volver a ser libre.

La acumulación de emociones heridas a las que nos hemos enfrentado, nos ha mantenido estáticos, inmovilizando nuestras experiencias sin poder ver que viene detrás. Tal es el caso de Roberto que desde niño soñaba con construir una familia. Durante su infancia sufrió el abandono de su madre y al parecer sus sentimientos seguían lastimados. Cuando se relacionaba sentimentalmente con las mujeres, no comprendía que le impedía frenar sus sentimientos; acumular la carga negativa del evento sucedido con su madre le proyectaba la creencia inconsciente de no confiar su amor a las mujeres, ya que tarde o temprano lo terminarían dejando. El subconsciente pone resistencia a lo verdadero y habla en nuestros diálogos internos orillándonos a actuar según lo que tenemos para ofrecer y lo que hemos conocido. Él vivía en la incongruencia de no poder realizar su proyecto familiar; desconocía que esos eventos con carga negativa del pasado eran los dueños del gobierno de su conducta temerosa y por más esfuerzos que hiciera no lograba conectar con sus compañeras dejando ir varias oportunidades y en consecuencia volvía a verse solo.

En estas circunstancias es cuando debemos revisar el depósito de sentimientos lastimados que hemos recibido para formar parte de nuestro estilo de vida y que compartimos con los miembros de nuestro entorno. Cargamos con innumerables cosas, equivocaciones de los demás que al comprarlas causan temores, odios y resentimientos que nos vinculan y nos llevan a equivocarnos a nosotros también.

Generalmente el poder del perdón lo asociamos, hacia otras personas nos obstinamos en juzgarles por el daño que nos causaron. Una mente ofuscada se niega a otorgar tal beneficio, ejerciendo un sentido de castigo por haber sido mal intencionados con nosotros, juzgamos la falta de amor verdadero ante las equivocaciones de los demás y nos sentimos heridos. Sin embargo como ya lo vimos, la acción de perdonar no es condicionada hacia otro, en realidad la verdadera sanción y represión es aplicada hacia nosotros mismos, coleccionamos eventos mal intencionados para hacerlos nuestros, para vivirlos, odiarlos y condenarlos, como si ese sentir errado castigara al causante de ello.

La penetración en el entendimiento de cómo funciona y procesa la información nuestro cerebro y la mente en eventos del pasado, son elementos significativos para un verdadero progreso. Restemos el sentido de pertenencia en la estructura mental de nosotros mismos, hasta llegar al fondo de la disolución. Conservar la porquería y las equivocaciones del entorno, es darle la conducción y el acceso a los días de nuestro existir, privándonos y limitándonos. Seamos pacientes y amorosos con nosotros en beneficio de cortar el ancla del pasado que nos da siempre los mismos resultados.

La terquedad de aferrarse a cualquier acontecimiento, con una actitud obstinada a poseer cosas y situaciones innecesarias, van cegando la mente, paralizándola para no experimentar las demás opciones de vida. Nos convierte en esclavos de nuestra propia mentalidad, del miedo, el odio, la desconfianza, y de todo lo errado que adoptamos. Es momento de llevar nuestra mentalidad a la calma haciendo una pausa de manera consciente y darnos el tratamiento de amar nuestras equivocaciones, la aceptación de la imperfección de nuestras conductas, será como un spa para el alma, será el inicio del poder sanador de lo herido y volver a fluir, avanzando en la evolución, sólo el tiempo puede revelar la verdad que contiene cada experiencia. No nos aferremos al sufrimiento y al miedo, no nos sometamos a sus desalmados efectos, soltemos todo; decidamos ser libres, razonemos; existen piezas que ya no encajan en nosotros. Llevamos a rastras la maleta por el sendero de la vida, llena de emociones negativas que nos roban la energía y mantienen inmovilizados, manifestándose en todo tipo de enfermedades.

Cuando se sueltan ideas equivocadas que contaminan la existencia, **la expresión del estado natural de la salud regresa a todos los organismos**. Seamos sensatos, en saber cuándo es el momento de soltar las cosas.

Hace algunos años, una alumna de Metafísica que asistía al grupo que yo, nos compartió su caso. Durante una visita regular al Ginecólogo, le practicaron un ecosonograma de rutina, la imagen analizada que mostraba el monitor, sorprendió al Médico. Después de darle vueltas y confirmar el resultado, le diagnosticó un cuadro de endometriosis, un crecimiento de tejido endometrial o tumor, de cinco centímetros aproximadamente en el ovario derecho. El especialista le sugirió someterse a una intervención quirúrgica, con la intención de extraer tal protuberancia. Ella al ser estudiante de metafísica tomó las cosas con calma, negó el error pues sabía que el pensar y sentir no controlado puede manifestarse en enfermedad, entonces puso en práctica el poder sanador del perdón buscando expresar la salud.

Acudió en busca de ayuda encontrándose del Maestro que le enseñaba a usar la razón para su beneficio exponiendo ante él, el diagnóstico que le había aportado el Médico. Después de analizar el caso y estudiar a fondo la causa mental, se percató qué había sembrado inconscientemente de ello, una serie de sentimientos encontrados entre resentimiento y deseo sexual hacia su ex novio.

Un año antes había terminado la relación con él y desde entonces había ido guardando en ella rencor, echándole la culpa de la ruptura, sin embargo la fantasía de volver a estar juntos íntimamente y retomar el noviazgo, la hacía divagar cocinando mentalmente amor-odio. El análisis de la observación sostuvo que fueron justamente los pensamientos de deseo sexual, sobre una plataforma emocional cargada de frustración y desilusión los causantes del problema. Una vez identificada la manifestación de lo equivocado comenzó a trabajar e insistir en la idea del perdón, tratando de quimicalizar la emoción negativa que ella había comprado con la ruptura del noviazgo, cambiando los pensamientos equivocados hacia su ex pareja. Este proceso mental le llevo alrededor de dos meses, lo visualizaba y le enviaba pensamientos amorosos y de perdón.

Cuándo ella sintió que la emoción imperfecta del resentimiento había cedido, acudió a una nueva cita con el Ginecólogo para comprobar si aún era el mismo diagnostico o algo había cambiado, el médico no supo que explicación darle, la imagen del tumor en el eco ya no estaba.

Haz del perdón un hábito, busca conectar con la fuente de la Inteligencia Divina, algunos la reconocemos con diferentes nombres como Dios, Buda, Jehová, Divinidad, o cualquier Deidad o Ser Supremo que viva en tu creencia, al final, el entendimiento solamente es Universal y **la Ley del Amor** no tiene marca registrada. Vincúlate a esa sustancia creadora de vida, incorporando como parte de la rutina pensamientos con ideas amorosas y sanas. Cultívalos fuertes para ti y el ambiente. Si verdaderamente deseas engrandecer tu futuro, ama el pasado.

Procura un tiempo a solas para hacer un viaje retrospectivo, acudiendo al almacén mental en donde se encuentra situado ese doloroso evento que causó una herida, con la intención de cambiar el enfoque de la carga emotiva, quimicalizando la emoción, sólo cuando se dirige la atención al pasado se entiende el origen. No podrás cambiar el evento sucedido, no pongas resistencia, sin embargo es tu decisión cambiar la forma en cómo percibiste ese hecho, deja ir y suelta, abandonando el sentimiento negativo que limita la evolución y desconecta con la vida.

Libérate, niega la identificación que tengas con esos acontecimientos te mantiene recluso. Perdonar es renunciar al sufrimiento, echando a bajo las barreras de la cárcel mental, a donde tus pensamientos heridos te han aprehendido. Decide acumular los verdaderos tesoros del pensar correctamente, no guardes basura propia o de los demás, capacítate en la adopción de lo bueno, en espera de recibir lo mejor. La Inteligencia Divina te corresponderá favorablemente por los ahorros mentales que has hecho con el tiempo. Sé paciente, y constante, todo argumento expresa sus efectos en su debido momento. Disuelve los programas mentales equivocados que te mantienen infeliz, dejando sólo los recuerdos y conceptos, que te conecten y vinculen a emociones sanas. Renueva el guardarropa mental con el que te muestras a ti mismo y al mundo.

Cerrar ciclos y perdonar, es actuar con el entendimiento de que "eso" ya culminó, permanecer apegado a situaciones efímeras que cumplieron con su término y misión, es igual a morir; es agarrarse de lo que ya no existe, manteniéndote emocionalmente muerto, estacionando la mentalidad en un pantano de sufrimiento. Cuando algo deja de fluir, es una señal que se ha consumado la experiencia para lo que fue creada, sin embargo tendemos a aferrarnos a situaciones porque no comprendemos que la vida es cíclica. Para que otras experiencias nazcan, irremediablemente otras tienen que morir, debemos saber cuándo es el momento de soltar las cosas para continuar evolucionando y fluyendo con la vida.

Abandonemos el apego antinatural que nos mantiene crónicamente infelices, sino soltamos no aprendemos, no avanzamos, nos privamos de más vivencias, **no tengas miedo de vivir**, seamos flexibles ante la interpretación e interacción del cambio, como lo propagaba Heráclito de Éfeso -**"Todo fluye, todo cambia, nada permanece"**-. Sin cambios simplemente no hay evolución, por el contrario mantener actitudes estáticas y rígidas se vinculan con la involución y la imperfección. La actitud y la fuerza mental son más grandes que todos nuestros problemas, porque a través de la mentalidad se puede cambiar la perspectiva y ver claramente los errores transformándoles en aprendizaje para evolucionar.

Los sentimientos de víctima, culpa, pérdida, desamparo, de desconfianza hacia nosotros mismos, depresión, fracaso, venganza, y miedo, pobreza nos excluye de la abundancia, nos dan amargura, la timidez, el odio o resentimiento que se esconden dentro de nosotros, son la causa de todas las penurias que se acumulan.

Resetea y reinicia, suelta y perdona. Tú decides cómo pensar al respecto, en qué momento dar el giro de mentalidad, siendo dócil y flexible contigo mismo, para que La Ley del Amor y La Ley de la Inteligencia Divina hagan sus efectos en ti.

No existe mal alguno que el perdón no pueda disolver, el te hace libre.

Lo que es imperdonable es que no perdones, perdonar combate las limitaciones a que las que te has sometido. El hombre que ha aprendido a razonar, jamás se sentirá ofendido, no tendrá nada que perdonar, no antepondrá más defensas. Perdonar es sanar, sanar es soltar, y soltar es decir simplemente adiós. ¿Qué pasaría si comenzaras a perdonar? ¿Cuánto cambiaría tu vida?

Se padecerá más de lo mismo, hasta que no se aprenda a perdonar

6. LOS PENSAMIENTOS SON NEGOCIOS

Hemos permanecido en el mundo, practicando una gestión; que promueve entre todos nosotros el intercambio de "algo", de manera recíproca. Al nacer todo de un pensamiento, nos vemos en la necesidad de recurrir a la mente para sembrar la manifestación de la creación de nuestros deseos y en consecuencia expresarlos, negociamos con nuestros propios pensamientos y con los demás, concretando existencias.

Toda negociación parte de la búsqueda de la realización de un deseo y culmina con la elección ante un sí o un no. Tomamos las decisiones pertinentes que nos llevan a la aceptación, abriendo la mente para recibir nuevas ideas, comprando productos o situaciones, o por el contrario, rechazamos negando aquello que no deseamos vivir.

Cuando manifestamos el deseo de comprar y adquirir un auto; negociamos con el vendedor y en caso de cerrar el trato nos hacemos responsables de todo lo que conlleva ese automóvil. Si al negociar decidimos rechazar el auto, simplemente nos negamos de adquirir la experiencia que brinda el vehículo. Bajo la misma perspectiva compramos y vendemos cotidianamente, opiniones, objetos, conceptos, e historias, consigna que siempre se ha aplicado en el mundo terrenal y que nos ha llevado a convertirnos en comerciantes natos de nuestro propio pensar. Pactamos con las decisiones, negociamos en un intercambio de pensamientos, buscando en el mundo mental la propia satisfacción sembrando diferentes tipos de ideas en espera de manifestación.

Nos hacemos responsables de nuestra libre elección conferida como regalo de la Divinidad, tomando las decisiones que nos conducen al camino de actuar bien o mal, de vivir en felicidad o en penumbra, pensando de manera beneficiosa o equivocada. Los contenidos del plano físico nos llevan a encontrarnos con todo tipo de pensamientos a la venta, con verdades en donde versa lo bueno, surtiéndonos de salud, y bienestar.

Sin embargo, así como podemos ligarnos a estos regalos, también padecemos los efectos de las de vendimias de mentiras, compuestas de la enfermedad, carencia y limitación; estas decisiones rompen el vínculo positivo con las leyes creativas del Universo.

Es necesario aprender a identificar qué es lo que creemos y con qué nos hemos relacionado para actuar y vivir como lo hacemos. Todo pacto de pensamiento obliga a abandonar las demás ideas. Es como casarse, se ha de negociar con el matrimonio y el resultado electo nos hace abandonar la soltería. Si deseamos adquirir algo, siempre se tendrá que abandonar otra idea, aceptar un negocio obliga a rechazar otro, conduciéndonos por otro camino. Detrás de toda acción hay una ruta de vida que espera ser tomada, así que cuando tomamos decisiones; estamos negociando y nos implica la responsabilidad y disfrute de adquirir algo y renunciar a todas las demás opciones.

Lo mismo sucede con nuestros pensamientos cotidianos, negociamos directamente con ellos, aceptando o rechazando lo que nos pueden ofrecer. La aceptación del pensamiento es darle la manifestación concreta. Como ya se ha mencionado en el capítulo uno, no estamos capacitados para crear solamente los pensamientos beneficiosos, la libertad de elección que tenemos como seres mentales, es individual y no escaparemos de la consecuencia de nuestras propias elecciones.

Desde la observación de nuestro raciocinio, ejercitamos la competencia de negociar sabiamente con la vida misma. Sabemos que todo buen negociante trata de separar la mejor opción de las demás, buscando el mayor provecho posible. Hay que establecer diferencias entre las ideas buenas de las malas, elegir correctamente mediante el conocimiento de lo que estoy decidiendo pensar; para no enfermar, para combatir la pobreza, la baja autoestima, la depresión, y el sufrimiento en general.

EL PENSAR SANA Y CORRECTAMENTE

El pensamiento sano y correcto es beneficioso y nos pone en el camino de las experiencias buenas.

La mente no guiada es fastidiosa e insiste en trabajar apegada al caos, negociando con el razonamiento que crea las enfermedades, y todas las limitaciones. En un ambiente contaminado de ignorancia con respecto a nosotros mismos, no sabemos separar los pensamientos, cocinamos en la mente todo lo malo que creemos acerca de aquello que nos rodea, por lo tanto, sufrimos todo lo que nuestra mente genera. Tenemos que despertar gracias a la comprensión que los pensamientos negativos son malos proveedores. Solamente identificando, en el ahora ¿Qué es lo que nos vende un pensamiento?, podremos ver más claramente de qué se trata, de forma que habilitaremos nuestros talentos, estableciendo diferencias entre cada una de las ofertas.

Niégale espacio a tu estructura mental a esas ideas que son producto de la no razón. Sólo tú puedes hacer este trabajo, así como desde el primer aliento de vida, no has dejado de pensar, nadie en absoluto ha pensado ni respirado por ti, y nadie te ha puesto en caminos pantanosos, tú decides que pensar, como hacerlo y a qué tipo de experiencias le otorgas vida.

Los pensamientos son vida, procura que te guíen por una vía plena y merecedora de un buen pensador y negociante, haciendo de la empresa de ti mismo, un rotundo éxito y las condiciones del entorno cambiarán a la medida que tus pensamientos sean exitosos.

Detrás de toda acción y pensamiento, encontraremos un ¿De qué se trata?, esa información da la naturaleza del pensamiento, adopta sólo lo certero y verdadero. Aprende a observar clasificando el pensar, razonando si en verdad deseas ver manifestado eso en tu entorno. Nadie desea ser un mal negociante, ni pactar con un mal proveedor. **Los pensamientos errados y equivocados nos brindan de malos productos y experiencias.**

Cuando la mente no trabaja despierta y no se le educa, es preciso observar cómo se manifiesta el pensamiento recurrente equivocado en automático, molestándonos, predominando la imperfección, como si fuera un pájaro carpintero taladrando nuestra tranquilidad, picoteando con pensamientos descontrolando el bienestar.

Si te asalta una idea que atenta contra tu paz, simplemente cancela esa idea, no pactes con ella, y comienza a pensar en otras cosas más positivas y nutritivas para la mente. Recuerda que si una idea no está en tu mente los efectos no se expresarán en tu vida, no padecerás algo a lo que le has negado la existencia.

Si le cerramos la puerta al odio y por consiguiente decidimos pensar en el amor, poco a poco nos vincularemos con la Ley del Amor atrayendo; toda la abundancia de la vida misma. Si le otorgamos la entrada a ideas equivocadas no estaremos negociando correctamente con los pensamientos proveedores de cosas buenas, por lo que no sólo experimentaremos sufrimiento en el estado mental emocional, sino todo el entorno próximo a nosotros se ajustará a esta condición, por eso mismo **debemos observar el error en todo pensamiento a comprar para no padecer las consecuencias.**

Seleccionar el pensamiento correcto para posicionarlo en la mente no es tarea fácil, es cuestión de práctica, observación y dedicación. Cuando pasamos una situación difícil y la mente nos recuerda recurrentemente lo mal que la estamos pasando como si fuera el pájaro carpintero, generando angustia hasta abatir nuestra energía. Bajo este suceso es cuando más tenemos que poner en práctica para romper con el patrón mental y cambiar las condiciones externas.

Se trata de comprender que los pensamientos así como venden amor y felicidad también baja autoestima, pobreza, enfermedad y penas. Si eres un buen negociador, **excluye a esos ladrones de vida negándoles la atención y el existir dentro de tu mente, los hará desparecer de las condiciones externas.** Los pensamientos recurrentes del pájaro carpintero son difíciles de gobernar. Cada vez que te des cuenta pensando o te escuches diciendo algo equivocado, recuerda que tú mismo intoxicas tu propia existencia hasta enfermar en las finanzas, en el alma o el cuerpo; una vez consciente de ello podrás remediarlo.

Utiliza el poder de la razón para que nada perturbe tu paz, una correcta actitud te pondrá en vistas de ser un buen negociante de vida; pregúntate antes de reclutar y enrolarte con situaciones si esas ideas realmente las deseas ver dentro de tu vida, decide acogiendo sólo aquellas que te vinculen con situaciones que te hagan esperar lo mejor. Aprende a separar y decide comprar las mejores opciones y creencias según lo que desees expresar y reflejar. Se trata de negociar con los pensamientos idóneos y beneficiosos, sabiendo cuáles de ellos adoptar en la estructura mental, dejándoles pasar y que otros rechazar y cancelar negándoles la existencia. **Tus experiencias dependerán de tus propias decisiones, eres lo que piensas, piensa bien, piensa sano, piensa positivo.**

En el verano pasado vino una vieja amiga de la escuela que hace tiempo no frecuentaba, así que nos pusimos al tanto de nuestras historias. Me comentó que había sufrido una situación difícil en su matrimonio, y por algunas equivocaciones de ambos el vínculo matrimonial había sido disuelto, terminaron divorciándose. Como sucede en la mayoría de los procesos de separación, adaptarse a su nueva vida de soltera, le había dejado muy abatida, sobre todo por la forma tan dolorosa como se había gestado la separación. Hubo mucha agresión a su alrededor, habladurías, la reputación de mi amiga había sido un blanco perfecto para los individuos desquehacerados que suelen opinar libremente ante el dolor ajeno.

Se comenzó a especular que mantenía romances fugaces con hombres. Ella sabía perfectamente que las opiniones que juzgaban la intimidad de su cama, eran solamente suposiciones equivocadas, en realidad no salía con nadie, sus pretensiones y deseos no se encontraban óptimos para estar íntimamente ligada con alguien, aunque la relación fuera o no de trascendencia. Los chismes comenzaron a ser más agresivos y fueron tomando más fuerza hasta llegar a lastimar no solamente sus oídos sino su interior; su autoestima se tambaleo haciendo cada vez más deplorable su plataforma emocional. Comenzó a pasarla peor desde el momento que compró y abrió la puerta a las cosas equivocadas que se decían entre más poder le otorgó a los comentarios y menesteres de dichos chismes tomaban más fuerza en ella.

Me comentó que en un principio nada de lo que se decía era verdad, sin embargo al pasar el tiempo se fue creyendo las opiniones equivocadas que los demás tenían de ella, así su estructura mental se fue llenando de basura y comenzó a sufrir las consecuencias. Empezó a repartir el corazón saliendo con varios hombres y el caos mental por el que pasaba la llevó a tener una época de decadencia en todos los aspectos.

Ante esta situación, solamente le pude comentar acerca de la importancia de comprar y adquirir lo positivo, pues lo que pensamos de nosotros mismos, tarde o temprano se instalará en la mente y así se forjarán nuestros actos. No les podemos negar a los demás su libre expresión, pero si podemos discriminar con qué opinión quedarnos y con cuál no.

Resulta igual de peligroso alimentar una idea sin previa observación y razonamiento que jugar a la ruleta rusa y jalar del gatillo.

Antes de comprar una idea errónea, analízate, abre tu mentalidad a la puerta del bienestar, y todo aquello que te mantiene avanzando; piensa, acoge un diálogo contigo mismo y decide conscientemente de que pensamientos provees tu vida cotidiana; de ellos dependerá y ha dependido la historia de tu vida. Deja de ser la marioneta de tus pensamientos, y comienza a poner atención en la totalidad de lo que piensas y dices, pues para conocer lo que albergas en la mente bastará con escucharte; aquello que dices, a quién se lo dices (si a ti o los demás) y en qué sentido lo dices.

Saber pensar bien, es una gran inversión para toda la vida.

Las cosas buenas o malas, no son designios del destino, son consecuencias de nuestros pensamientos y actos.

7. INSTALANDO NUEVOS HÁBITOS

Como se ha venido razonando a lo largo de la lectura de los capítulos anteriores, lo que corresponde para hacer es la determinación de la creación de hábitos, prestando atención a nuestros pensamientos recurrentes y mantenidos con mayor énfasis en la mente.

En la persistencia de una misma idea, el potencial de la mente reconoce esos conceptos instalándolos en el archivo mental subconsciente y, en consecuencia proyectando así mismo su naturaleza al exterior. Solamente cambiando nuestras creencias equivocadas acerca de TODO lo que hemos venido creyendo que es malo, lograremos modificar el enfoque y dirección rompiendo con los dañinos y repetitivos patrones de conducta que someten nuestra vida, programándonos equivocadamente a padecer de forma cotidiana lo que no deseamos. Es a través del despertar del desarrollo de la conciencia **conectándonos en todo momento en el ahora**, en vistas de observar lo que pensamos captando e identificando las creencias para modificarles en espera de abastecernos de mejores cosas y situaciones, a las que por ignorancia hemos dado vida y experiencia, aceptando una vez que aceptamos la responsabilidad de nuestros pensamientos aprendemos que aprenderemos, a darles dirección para cambiar nuestras trayectos por la vida.

Nuestras neuronas fueron diseñadas por la naturaleza para un desarrollo constante, un aprendizaje continuo. Las ideas no observadas, analizadas y adquiridas por error, aquellas que nos han hecho ceder la libertad del dominio de nuestras vidas, pueden ser alteradas cambiando la naturaleza del pensamiento, es decir alterando la plasticidad cerebral para romper con los viejos patrones de conducta no deseados.

Tenemos que modificar el sentido que le hemos dado a las incorrectas creencias implantando en ellas los pensamientos contrarios y verdaderos a lo que hemos venido pensando. Ya hemos abordado el tema del dinero y concluido que, haciendo caso a la verdad, sabemos que el dinero no es malo, y que su posesión no hace malas a las personas. La misma lógica puede aplicarse a la vieja creencia de que todos los hombres son infieles, don juanes o mujeriegos o de la creencia errónea de que la totalidad de las mujeres tienen como prioridad el tema del dinero; la falsa noción de que todos los empleos son mal pagados e implican estar bajo el yugo de jefes abusivos y explotadores. Recordemos que esas ideas, como muchas otras que nos rodean, son solamente creencias equivocadas, realidades tergiversadas que vivirlas conlleva al sufrimiento de su propia naturaleza.

Ahora tenemos claro que lo que pensamos es lo que vivimos y experimentamos, por lo tanto, tendremos que vaciar nuestro almacén mental arrojando los pensamientos, ideas y conceptos equivocados con respecto a lo que deseamos modificar educando a la mente en el arte de PENSAR BIEN en todo momento. Dejar atrás aquello que hemos creído que es malo, buscando el reverso en un pensamiento que contenga un sentido positivo y verdadero que nos lleve a nuevos hábitos de pensamiento que deseamos ver materializados.

Permanecer de manera constante **observando el bien en la forma de pensar** con respecto al dinero, a los hombres y mujeres, modificando las creencias acerca del trabajo o aquello que después de monitorear tus pensamientos descubras qué está dando mala dirección a tu mente y su expresión en la realidad. Si hemos adquirido la creencia errada acerca del dinero cargándolo con una energía negativa pensando que es malo y no sintiéndote merecedor a su posesión, padeceremos el efecto de ser pobres. Lo mismo sucede con la forma de pensar de los jefes o los clientes, cargarnos las emociones con pensamientos no gratos pensando que adquirimos los peores clientes, las Leyes de Vida se ajustarán a la calidad de los patrones mentales enviándonos clientelas con las mismas que caben en la descripción que hemos proyectado negativa. La química de los modelos mentales que hemos adquirido y su carga positiva o negativa se manifestará en la realidad a partir de los patrones que están instalados en nuestra mente.

Para poder observar la transformación en el exterior comencemos cambiando los modelos mentales del interior ayudándonos del aprendizaje, aprender es un proceso mediante el cual se adquieren diversos conocimientos, habilidades, conductas y destrezas. Según la pedagogía los seres humanos somos sujetos a tres tipos de maneras de aprender y por medio de estas desarrollamos nuestros talentos; descubrir de qué forma procesa nuestra mente la información, reconociendo el tipo de proceso que se encuentre más desarrollado o predominante en nosotros mismos, nos ayudará como herramienta en la instalación de las nuevas conductas y en el cambio de creencias a favor de ver cambios positivos en nuestras vidas. Es fundamental ubicar el canal a través del cual somos más receptivos ya que además al conocerte mejor, sumarás recursos para encontrar y retomar el camino de tus talentos.

Los tipos de aprendizaje se dividen en tres procesos básicos: visual, auditivo y kinestésico o emocional. Abordemos ahora uno por uno, para apoyarte a identificar el que es más predominante en tu forma de recibir, procesar y almacenar información.

Visual: predomina en individuos observadores. Cuando se encuentran en medio de una conversación buscan mantener el contacto visual con los demás interlocutores pues sólo así sienten que poseen plena atención. Cuando de pensar se trata, lo hacen a través de imágenes y suelen pensar en varias cosas al mismo tiempo. Al expresarse, verbalmente, lo hacen de forma más rápida y gustan ayudarse del lenguaje de las manos para comunicarse con mayor facilidad. Son ordenados y cuidadosos de los detalles visuales, lo que los hace vestir bien combinados y gustan de llevar colores llamativos. Codifican la información del entorno por medio de lo que ven, de forma que pueden recordar mejor las cosas si las escriben. Podemos identificar este tipo de personas observando su vocabulario y los términos que manejan, haciendo uso de palabras tales como: yo veo que tal situación es equivocada, yo observo que este caso es una oportunidad…. demuéstrame para ver más claro…, no logro verlo…. ¿ves lo que te digo?….

La gran desarrollada capacidad visual que los caracteriza, los hace poseer un excelente sentido de orientación, si se trata de recordar la frase o página de un libro recuerdan gráficamente la ubicación del texto según el recuadro de la hoja, si van a proporcionar alguna seña a un tercero refiriéndose a cierto domicilio o ubicación de un lugar, suelen hacer una gráfica mental exacta y dan referencias del sitio de manera muy correcta.

Auditivo: predomina en sujetos que se guían por la lógica. Para ellos es de mayor importancia lo que escuchan de los demás que lo que ven, situación que los define como buenos escuchas que además son más receptivos a las razones que le son expuestas. Hablan claro, preciso y pausado argumentando bien sus ideas antes de expresarlas. Pueden recordar mejor algo que han escuchado a diferencia de lo que han visto. Son más receptivos a la información si leen en voz alta y de otra forma, pueden llegar a distraerse de la lectura. En el vocabulario utilizado por los tipos auditivos encontraremos palabras como: me parece lógico y razonable lo que dices…, me llama la atención…, me suena genial esa idea…, yo opino que…, algo me dice que…, escúchame lo que te digo…

Su sentido auditivo les hace prestar mayor atención a los sonidos, situación que los lleva a distraerse fácilmente de ciertas tareas al escuchar música o sonsonetes del ambiente o entorno.

Kinestésico o emocional: los poseedores de estas capacidades, suelen guiarse y actuar prácticamente, llevados por sus emociones. Necesitan recurrir al contacto físico pues al hacerlo, reconocen sentirse conectados resultándoles más fácil la comunicación. Los aromas, lo que sienten y presienten los hacen ser más intensos. En su guardarropa cuentan con ropa cómoda pues encuentran gran fascinación en la comodidad física que les puede proveer la vestimenta indicada. Son inquietos a mayor extremo a diferencia de los otros tipos, cuando hablan por teléfono caminan de un lado a otro. Son emotivos por lo que prestan mayor atención a las personas que demuestran interesarse en sus emociones. El vocabulario que suelen utilizar está cargado de palabras como: yo siento que… eso no me late… me huele mal esa negociación…. estamos en contacto, no me da buena espina… no me vibra… Son buenos trabajando con las manos y, tienen una excelente capacidad de concentración.

Una vez que hayas logrado ubicar el tipo de canal de aprendizaje al que perteneces siendo consciente que puede ser que apliques no sólo uno sino varios a la vez, será necesario tener presente un plan de vida, diseñando y bosquejando la idea o concepto al que habrá de dedicarle una vez que tengas, más claro que es lo que quieres.

Entonces podrás trabajar en la definición y la fijación de propósitos, misiones o metas a realizar para llevar a cabo la siembra de pensamientos a favor de la expresión ligada a tu bienestar.

Así como la Inteligencia Divina interfiere en el debido ciclo y tiempo de sanar y reconstruir las heridas del cuerpo fluyendo suave, sutil y naturalmente, así mismo ella actuará en el intelecto, encargándose posteriormente de darnos los resultados trabajados en la siembra de los hábitos de pensamiento. Toma en cuenta que toda cosecha lleva tiempo, el éxito sólo se logra conquistar por medio del trabajo y disciplina, así que debes poner un grado de intensidad en tu actitud, en tu decisión de la implementación de un nuevo hábito que desees ver concretado.

Si te identificaste como en el tipo de personas en las que predomina más la forma de **aprendizaje visual**, entonces podrás hacer uso de todo aquello que visualmente te estimule a modificar los pensamientos o creencias equivocadas que manifestaste según los resultados de tu monitoreo mental. Supongamos que identificaste estar inmerso en una creencia de pobreza, al analizar tu pensamiento en medio de pensares y sentires que te excluyen de la abundancia, tales como: es una miseria el sueldo que gano, no merezco tener un auto mejor que el que poseo, ese tipo de cosas son solamente para las personas ricas, el dinero no me alcanza para comprar nada, siempre seré pobre, jamás podré comprar ese artículo, tengo miles de cuentas que pagar y no sé por dónde comenzar situación que me irrita y me angustia, no existen oportunidades de éxito para los pobres, el dinero no sirve de nada, etcétera. Una vez que identificaste estos pensamientos que están cargados de un sentido de carencia, deberás cambiarlos implantando pensamientos de abundancia. Para lograr dicha implantación, te ayudará de las herramientas sensoriales a las que eres afín, procurando utilizar las capacidades antes mencionadas. Volviendo al ejemplo de la predominación visual, cargando químicamente la emoción errada hacia el bienestar, en el caso que hemos planteado correspondería dirigirlo hacia la abundancia, habrá que hacer germinar la semilla, pensamientos apropiados como: el dinero es mi amigo, siempre puedo pensar y en consecuencia expresar todo el bienestar en las finanzas, el dinero me sigue a todos lados, amo las experiencias que me otorga el dinero, soy un imán para atraer dinero, el dinero siempre llega a mí en el momento y situación correcta e indicada etcétera. Redactando las frases de la forma más práctica y penetrante con la que te identifiques y que la perciba el intelecto.

Para la argumentación de los tipos visuales se podrá hacer uso de los siguientes instrumentos utilizando una gama de colorido como:

- Dibujos, esquemas o bosquejos
- Fotomontajes
- Fondos y protectores de pantallas en computadoras
- Lonas o posters impresos
- Visitando lugares que te conecten con una emoción, es decir si deseas quimicalizar una carencia económica, acude a lugares en donde la abundancia se exprese en todo su esplendor: si buscas adquirir una casa ve a verla y conéctate con los matices de las estructuras sintiéndote merecedor
- Procura contraseñas de móviles, computadoras o cualquier otro relacionadas al tema o asunto para cargar positivamente hasta quimicalizar la emoción errada
- También puedes hacer planas escritas con las frases relacionadas

Quizás, observaste que la debilidad de tu pensamiento se expresa sobre el asunto de las relaciones amorosas complicadas, pues en el pasado posiblemente sufriste una mala experiencia y no has logrado perdonar y erradicar en su totalidad ese evento. Tal vez hayas, percibido algunos pensamientos tóxicos como: siempre me toca enamorarme de un patán, el amor no es para mí, cupido continuamente se equivoca, tengo muy mala suerte para elegir pareja, todos los hombres-mujeres son iguales y están cortados por la misma tijera, como están hoy en día las relaciones sentimentales más vale estar solo, no existe nadie para enamorarme y que valga la pena, o cualquier otro similar que arroje un sentido equivocado a la experiencia de las relaciones de pareja.

El giro que puedes darle a esta carencia en tu pensamiento, reside en aceptar que desees expresar situaciones armoniosas y placenteras con otro ser humano para compartir sin miedo una parte de ti, buscando quimicalizar o cambiar la carga de negativo a positivo en las emociones negativas relacionadas con este asunto, ayudándote, de afirmaciones y creencias como: amo perdonar las experiencias amorosas que me dejó el pasado, atraigo las mejores parejas, experimento el bienestar en mis vínculos amorosos, amo amar y compartir con otro ser humano, tengo derecho y estoy abierto a recibir el amor de una pareja en mi vida, etcétera. Cambiando y modificando la forma de ver las relaciones de los vínculos emocionales amorosos.

Si eres un individuo con tendencia a la capacidad auditiva, y resultas ser más abierto a la información si la escuchas, entonces para el almacenamiento mental podrás ayudarte de elementos como:

- Notas de grabación en el teléfono móvil
- Timbres en el móvil o despertador
- Música que asocies, con una emoción a lo que quieres quimilicalizar o cambiar de carga positiva
- Reservando un momento para hablarte a ti mismo: ya sea que improvises o que leas en voz alta algún texto dirigido a ti mismo y que contenga en su redacción los hábitos que desees sembrar en tu mente

Si tu capacidad más desarrollada es la Kinestésica o emocional, tendrás que ser aún más creativo para la transformación de hábitos del pensar, ya que al ser sujetos más activos cada uno de los kinestésicos tendrán que conectar con aquello que los vincula a una emoción. Algunas sugerencias podrán ser:

- Tatuajes en el cuerpo que te conecte con los contenidos visuales del tatuaje con el sentido del tacto
- Si practicas algún ejercicio, como surfear, utilizar una tabla de surf imprimiendo en ella la frase o dibujo
- Un balón o pelota que te ayude a quimicalizar positivamente lo que te has propuesto.
- Utilizar stickers o bordados en la almohada o cobijas para dormir

Ahora ya sabes de qué se trata…. lo conveniente es decidir tomar acción y aplicar las técnicas aquí expuestas, hacerte responsable de tu propio despertar de consciencia.

A manera de despedida, me gustaría compartir algo que promulgaba Mahatma Gandhi, una verdad que puede regir tu vida y llevarte a cosechar los cambios que deseas:

-"…mantén tus pensamientos positivos porque tus pensamientos se convierten en tus palabras. Mantén tus palabras positivas porque tus palabras se convierten en tus acciones. Mantén tus acciones positivas porque tus acciones se convierten en hábitos. Mantén tus hábitos positivos porque tus hábitos se convierten en tus valores. Mantén tus valores positivos, porque tus valores se convierten en tu destino".

Gandhi

Manufactured by Amazon.ca
Acheson, AB